Brun

BANANA MOON

C’era una volta un freak-rock club a Firenze, sul finire degli anni Settanta

ZONA

Banana Moon.
C'era una volta un freak-rock a Firenze, sul finire degli anni Settanta
di Bruno Casini
ISBN 978-88-95514-24-6

via dei Boschi 244/4 loc. Pieve al Toppo
52040 Civitella in Val di Chiana - Arezzo
tel/fax 0575.411049
www.editricezona.it - info@editricezona.it
Ufficio Stampa: Silvia Tessitore - sitessi@tin.it

Stampa: Digital Point - Ponte Felcino (Pg)
Finito di stampare nel mese di marzo 2008

1977-2007. Ritorna ancora in mente il Banana Moon di Firenze

Sono passati più di trent'anni e per molti il Banana Moon di Firenze rappresenta ancora una storia, un pezzo di "gioventù bruciata" viva, forte. Non ci si può dimenticare tanto facilmente di questo posto in Borgo Degli Albizi, numero 9, a pochi metri dall'Arco di San Piero, nel quartiere di S. Croce.

Le generazioni freak e rock, negli anni 70, ci hanno lasciato un segnale fondamentale, ci hanno lasciato una memoria che è difficile dimenticare, e dopo tanto tempo il Banana Moon riappare qua e là, qualcuno dice che quel locale era quasi un film, una fiction di vite vissute, di vite rock, di vite junkie, di vite hippy, di vite anarchiche. Stavano esaurendosi gli anni 70, la creatività aveva smosso tante cose.

Uno spazio consumato, frequentato e amato da un pubblico veramente "outsider", accanto ai primi punk trovavi il freak di ritorno dall'India o da Ibiza, accanto al gay militante trovavi la marchetta o il tossico intelligente e sempre elegante, accanto al rocker trovavi lo studente greco di Architettura, oppure accanto all'artista trovavi il fruttivendolo del mercato di S. Ambrogio, o ancora accanto all'attore impegnato ecco il cuoco che arrivava dal Sud. E poi noi, che abbiamo messo in piedi questo progetto con coraggio, con amore, con energia, con superficialità creativa, con impegno comunitario.

Questa è stata la filosofia del club, non era un posto orientato, di tendenza, era il trionfo della "diversità", di tutti quei comportamenti malvisti da altre parti, era un locale aperto a tutte quelle tematiche culturali che affollavano trasversalmente gli anni 70.

Un'esperienza durata solo tre anni, una storia infinita di dinamiche giovanili, di creatività cosmica, di scelte politiche ed esistenziali, di impegno militante e civile, di battaglie culturali e soprattutto una ventata di aria nuova, uno spiazzamento, in una città ancora troppo tradizionale.

Tutto parte da un viaggio a Londra, fatto nel 1976, dalle tre persone – con me, Fiorella Caspoli e Alberto Chiti – che hanno inventato, diretto, organizzato, seguito, amato, sopportato, questo progetto del Banana Moon.

Arrivammo a Londra, dove stava per esplodere il punk, una città in grande fermento (come lo è sempre stata) e subito ci siamo buttati al Marquee Club in Wardour Street, il mitico locale della cultura rock. Qui hanno suonato The Jimi Hendrix Experience, King Crimson, Pink Floyd, Cream, Hawkwind, Status Quo, Black Sabbath, Atomic Rooster, Humble Pie, The Animals, The Crazy World of Arthur Brown, Joe Cocker, Ten Years After... Siamo entrati in uno stanzone con un palco e un bar laterale, ci siamo stati per tre sere di fila, debuttava un gruppo, si chiamavano AC/CD, il cantante era vestito da scolaretto cattivo e bizzoso, e poi i Sassafras e ancora gli Strife. Qualche giorno dopo al Roundhouse ci recammo a vedere The Edgar Broughton Band e MotorHead. Dopo giorni a comprare dischi, rigorosamente in vinile, passeggiate in Hyde Park e Portobello Road, a tutti e tre ci venne la meravigliosa idea che tutto questo si poteva mettere in piedi anche nella nostra sonnacchiosa ed elegante città, Firenze.

In quei giorni (27-28-29 agosto 1976) si teneva il Jazz Blues Rock Festival a Reading con un cast pazzesco, avevo trovato al Marquee il volantino colorato con tutto il programma: 27 Agosto: Gong, Mighty Diamonds, Supercharge, U-Roy, Stallion, Mallard; 28 Agosto: Rory Gallagher, Camel, Manfred Mann's, Van Deer Graaf Generator, Jon Hiseman's Colosseum II, Sadista Sisters, Moon, Pat Travers Band, Eddie & The Hot Rods, Nick Pickett, Phil Manzanera con Eno, Bill MacCormack, Francis Monkman e Simon Philips; 29 Agosto: Black Oak Arkansas, Ted Nugent, BrandX con Phil Collins, Backdoor, Sassafras, AC/DC, The Enid, A. F. T., Howard Bragen e Sutherland Brothers.

Lo "special weekend tickets" costava 6 sterline e 95. Non riuscivo a capacitarmi, tutti quei nomi, tutti in soli tre giorni, ci siamo accontentati di andare al Lyceum a vedere Stray, Motorhead (ex Hawkwind) e Dirty Tricks con D. J. Jerry Floyd.

Dopo un viaggio in macchina attraverso una Francia nuvolosa ed umida, arrivammo a Parigi e lì decidemmo che il nostro locale doveva chiamarsi "Banana Moon", in riferimento a un disco dei Gong e di David Allen, il freak più cosmico e rock della galassia sonora internazionale.

E così parte l'avventura.

Passeranno alcuni mesi, quando viene individuato questo locale vuoto e spoglio in Borgo Degli Albizi 9. In poco tempo viene rimesso a nuovo, verniciato di colore rosso, cuscini per terra, panche da muro per sedersi, in fondo un palcoscenico con un pianoforte verticale, un piccolo bar. Ed eccolo, pronto per l'apertura: è il 2 Marzo 1977.

Il locale contiene circa 200 persone, è un corridoio lungo e alto, la prima stagione è molto "freak", sperimentale, si ascolta la musica sdraiati su enormi cuscini, si vedono spettacoli teatrali, si ascoltano concerti di musica jazz e musica etnica contaminata, si proiettano film di ricerca ed epici, il pubblico a volte gradisce, a volte rumoreggia, a volte critica pesantemente. Prima e dopo gli spettacoli musica propinata da una struttura in alto (raggiungibile con una scala bianca) dove si mandano, si mixano musiche di straordinaria diversità, dagli evergreen Beatles all'adorata Joni Mitchell (*Hejira* è l'album più passato in assoluto), dai Soft Machine a Keith Jarrett, dai Kraftwerk di *Trans Europe Express* ai Tangerine Dream, da John Coltrane a Bruce Springsteen, da Lucio Battisti ad Alex Harvey Band, dalla weast coast di Crosby, Stills, Nash & Young ai Rolling Stones, dai Sensation's Fix a Giorgio Gaber, dai Genesis ai Pink Floyd, da Patti Smith a Manuel Gottsching, da Jimi Hendrix a Grace Jones.

Le scalette del Banana Moon erano ogni sera diverse e imprevedibili, umorali, eclettiche, fuori di testa. Scalette da "imagination au pouvoir".

Passammo anche il periodo "febbre del sabato sera", io mandavo in continuazione *Disco Inferno* dei Tramps e *Stayng alive* dei Bee Gees, avevamo in quel periodo molto pubblico gay che ci chiedeva questo, io ero felicissimo ma fu un periodo che durò poco, il rock ritornò alla grande.

Un pubblico veramente "folk", variopinto, punk, rock'and roll, freak, gay, psichedelico, junkie, urbano, militanti politici, intellettuali notturni, marchette di periferia, jazzisti rurali, hippies aristocratici, coatti poetici, stilisti underground, fumettari alla riscossa, giornalisti anonimi, attori anarchici, sperimentatori quotidiani, elettronici di quartiere, artigiani leather, poeti elettrici, stressati naturali, checche criptiche, architetti avant garde, artisti della notte, poliziotti in borghese, metronotti curiosi, comici famosi, registi spiazzati, produttori cinematografici, scrittori neri, musicisti bolognesi, femministe incazzate, studenti universitari, astrologi noiosi, tarocchisti creativi, fruttivendoli colti, professori di filosofia, fans gaberiani, modelli in cerca di sex, fag hug di provincia, lesbiche simpatiche, poetesse della standa, artisti addormentati, fotografi notturni, muratori pasoliniani, meccanici di frontiera, medici mondani, alcoolisti anonimi, pizzaioli veneti...

Descrivere un locale come il Banana Moon è veramente difficile, bisogna esserci passati per quelle nottate lunghe, uniche, che finivano tardissimo. Eravamo sempre gli ultimi a chiudere rispetto agli altri spazi in città, alle 3 di notte sembrava di essere in un fumetto di Robert Crumb, personaggi indescrivibili che solo a queste ore potevi trovare, che ti parlavano, che ti raccontavano le loro storie, belle e maledette.

Il Banana Moon si trovava ai "bordi della notte", per me erano le ore più belle e più sincere di questo posto, durato troppo poco.

Meglio così, le cose che durano troppo poi non vengono memorizzate, non vengono ricordate intensamente, questo posto invece ancora per molti raccoglie ricordi, esperienze, atmosfere, paranoie, amori, fiabe metropolitane, letture, tutti ci hanno lasciato qualcosa qui dentro, peste e delirio, gioia e rivolte giovanili, difficile non dimenticare queste "barricate creative" al Banana Moon di Firenze.

Tutte le persone passate da qui lo ricordano intensamente, qui abbiamo consumato teneramente le nostre nottate, gli amori, le musiche, la nostra vita, il nostro tempo della gioventù. Impossibile dimenticarsene.

Molto spesso mi chiedono se qualcuno hai mai pensato di fare un film sull'avventura del Banana Moon, ebbene, tanti anni fa un regista teatrale provò a mettere insieme una sceneggiatura sul mitico club fiorentino, poi i finanziamenti non arrivarono mai e tutto rientrò nel sommerso.

E poi c'era Firenze, le nottate fiorentine, uscivo dal Banana Moon tardissimo, tornavo a casa attraversando questa città magica e vorace, piena di sesso, attraversavo Porta S. Maria e Ponte

Vecchio, cantando allegramente brani dei Village People, incrociavo il pubblico che usciva dal Tabasco, aperto qualche anno prima, tutti passeggiavano sui lungarni, sorridenti e misteriosi, occhi che incrociavano altri occhi, battute telegrafiche, e poi discussioni che ti portavano verso albe cristalline, poetiche, ricche di sesso non protetto e ovviamente stanchezze felici.

Firenze era dentro i suoi anni 70 con tutte le sue esplosioni culturali, le facoltà universitarie occupate, gli indiani metropolitani, i concerti rock del Partito Radicale, i collettivi di controcultura, le prime radio libere, la stampa underground, il teatro di strada, i viaggi in oriente, le esperienze psichedeliche, le manifestazioni in piazza, gli scontri con la polizia, i volantinaggi di fronte alle fabbriche, i trip astrologici, i tarocchi, le riunioni di autocoscienza maschile, le femministe. Tutto girava intorno a "il personale è politico", grande vittoria e nuovo percorso di vita collettiva.

Per me il Banana Moon ha rappresentato una nuova vita, ho cominciato a fare scelte diverse, mi sono tagliato la "barba talebana" che portavo da molto tempo, ho conosciuto la notte, mi sono tolto un po' di zavorre esistenziali, mi consumavo allegramente queste albe eccezionali, epidermiche, rock.

Il locale, nella prima edizione, era orientato verso culture freak e rock, tutto molto morbido, rilassato, con un ritmo cosmico. Il pubblico disteso sui cuscini ascoltava teneramente intere facciate di dischi, poco mixer per mandare la musica, odori di incensi insieme al profumo delle crepes al cioccolato, tanto teatro off, a volte noioso e ingombrante, teatro nato nelle cantine romane come il Beat 72.

Il pubblico del Banana Moon è molto sincero, gradisce se una cosa funziona, ma è anche critico e a volte cattivo verso chi usa l'avanguardia in maniera troppo pesante, non sopporta le cose inutili e ripetitive. Dopo gli spettacoli ovviamente musica fino a tarda notte, molte persone ti chiedevano brani o dischi, il più delle volte erano Bob Marley, Rolling Stones o Led Zeppelin, qualcuno chiedeva anche Weather Report o Soft Machine. A noi piaceva John Coltrane, chiudevamo il locale con *A love supreme*, era la buonanotte o il buongiorno, l'arrivederci al giorno dopo.

Nella prima stagione il sound era molto creativo, molto orientato sul jazz e tutte le sue contaminazioni, anche se una parte di pubblico amava e gradiva Pink Floyd e Frank Zappa. Stava arrivando l'ondata punk e noi avevamo percepito una nuova rotta, più dura, più elettrica, più metropolitana, e questa sarà la seconda stagione, tutta "black and white", sicuramente la parte più vera e sincera nella storia del club fiorentino.

Tutto nero, con una scalinata fatta di mattonelle bianche, lucide, per terra una pavimentazione di gomma nera, dalle parti balaustre di mattonelle bianche per sedersi, il modello era trasformare il Banana Moon in un "cesso da intrattenimento", la filosofia era il "gabinetto pubblico da salotto", volevamo un posto duro, molto punk, molto gay.

Volevamo essere il Marquee o il CBGB's fiorentino, puntavamo a questi due club internazionali, ma ci veniva in mente anche il Paradiso di Amsterdam, la nostra traiettoria era questa, una scelta coraggiosa ed avventuriera, la nostra era una scelta rock-friendly show.

In uno dei tamburini pubblicitari usciti all'inizio per lanciare il locale avevamo scritto: "Il locale apre alla continua ricerca di un nuovo modo di stare insieme".

Il Banana Moon poteva veramente essere un set quotidiano di vita, si palpava, si respirava una nuova "culture club" che stava arrivando in questa città. Gay, freaks e rockers ballavano tranquillamente il rumore rock dei Sex Pistols e la trance elettronica dei Kraftwerk. Cani sciolti intelligenti e felici!

Il Banana Moon

2 marzo 1977. Dominot apre il Banana Moon

Quel 2 Marzo eravamo tutti sottosopra, una tensione romantica ci attanagliava, stavamo per aprire un rock-freak club, tutte le nostre esperienze degli anni precedenti, tutte le idee captate nei nostri viaggi, tutte le musiche ascoltate, tutte le immagini dei club europei che avevamo visitato e vissuto, tutto ciò lo mettevamo in questo spazio in Borgo Degli Albizi.

Nel pomeriggio il Banana Moon sembrava un enorme cantiere, sul palco Dominot e la sua compagnia provavano il loro spettacolo, incuranti di quello che stava succedendo intorno.

Dominot, un personaggio fantastico, adorabile, è stato lui che ha fatto salpare il nostro Banana. Montarono questa scena onirica, fatta di ragnatele, foglie e rami secchi, specchi, oscurità, strani oggetti.

Lo spettacolo si chiamava *Labirinto N. 1*, una sorta di discesa nel sogno, nell'onirico, attori completamente nudi, piccole crudeltà e un Dominot in splendida forma, con il suo sguardo ipnotico e ascetico. Grande successo, il pubblico raccoglie e gradisce, repliche straordinarie. Dopo lo spettacolo parte la musica, il primo disco che viene messo sul piatto è *The Koln concert* di Keith Jarrett.

Dominot resta una settimana al Banana Moon, passiamo dei giorni bellissimi, a passeggiare per Firenze, è un marzo dolce, tiepido, soleggiato, ascoltiamo teneramente e voracemente le sue storie parigine, i concerti della Piaf che ha visto varie volte, le atmosfere queer di una Parigi anni '50.

La Compagnia di Dominot è formata da attori e attrici fantastici, le repliche fiorentine convincono pubblico e critica, tutte le sere il Banana Moon è stipato, tanto pubblico che assiste incredulo allo spettacolo, si sparge la voce, dobbiamo aggiungere altre repliche. Dopo lo spettacolo c'è la musica, fino a notte fonda. Questa è la formula del nostro locale, a volte chiudiamo alle 4 del mattino, non sentiamo la stanchezza, ci divertiamo come matti, siamo solo all'inizio.

Un altro disco passatissimo in questo periodo è *The White Album* dei Beatles, lo rivalutiamo molto, un disco che va avanti per intere facciate, la musica al Banana Moon non viene ancora mixata, ci gustiamo dischi ascoltati per intero, come *The dark side of the Moon* dei Pink Floyd che mandiamo molte volte. *Good night* dei Beatles è la nostra sigla di chiusura, parte il brano, poetico, cosmico, lirico, e si accendono i neon bianchi del club, è un chiaro invito agli ultimi clienti rimasti ad andarsene velocemente, succede molto spesso che dobbiamo svegliare persone che si sono addormentate sui morbidi cuscini neri della "morbida macchina" del Banana Moon che viaggia nella notte fiorentina.

Dominot è uno dei tanti artisti, personaggi passati nella galassia del Banana Moon, tutto lo staff del club ha sempre avuto un rapporto bellissimo con i suoi ospiti "del palcoscenico", li ha sempre "coccolati", direi "adorati", "promozionati" fino all'eccesso. Il nostro tam tam di quel periodo passava dai volantini sui muri, oppure alle telefonate in diretta su Controradio, o alle mie telefonate assillanti a tutta la stampa locale. Ricordo con dolcezza l'arrivo di Lia Lapini (allora scriveva sul quotidiano Paese Sera) al Banana per assistere e recensire lo spettacolo di Dominot, fu estasiata e curiosa di essere planata in un teatro veramente "off off", non eravamo alla Pergola o al Teatro Affratellamento, seduti su delle poltroncine con il sipario che si apriva. Qui gli spettacoli iniziavano alle 22.30 e ti ascoltavi musica prima dello show, una atmosfera diversa, molto "alternative". Prima dello spettacolo di Dominot ti dovevi sorbire *Phaedra* dei Tangerine Dream per intero, poi si abbassavano le luci, dolcemente, e partivano gli spettacoli o i concerti.

Era un nuovo modo di "intrattenimento culturale", dopo gli show tutti gli artisti si mischiavano al pubblico presente, nascevano interessanti confronti, discussioni o anche litigate formative, e si andava avanti fino a tardissimo. Con Dominot la compagnia era formata da Vinicio Diamanti, Massimo Arena, Itala Benigni, Pina Renzullo e Fiammetta Benigni. Le luci, gli effetti speciali e le musiche di Mario Ascani, i testi e l'aiuto regia di Milly Migliori.

Dominot tornò anche con un altro spettacolo *Il sogno preso per la coda*, liberamente ispirato a uno dei testi del surrealismo storico di Pablo Picasso. Dominot affascinò il pubblico fiorentino con la sua gestualità, le sue facce da mimo struggente e provocatorio, con il suo fascino onirico.

Non è più tornato a Firenze, ora gestisce un suo spazio a Roma, nel quartiere Campo dei Fiori, e ogni giovedì sera presenta il suo spettacolo di teatro e canzoni a un pubblico affascinato ed entusiasta.

Arriva la generazione jazz

A Firenze il jazz è sempre stato di casa, ha avuto un background molto fertile, la SMS "Andrea Del Sarto" ospitava negli anni '70 moltissimi eventi, qui poi è nata una delle scuole storiche italiane dedicate al jazz. Il Banana Moon, fin dalla sua nascita, ha subito colto questo fiore all'occhiello e programmava moltissime formazioni, giovani e non, dedicate al jazz nelle sue mille sfaccettature, dalla sperimentazione al free, dal traditional al bebop, da quello super-contaminato al dixieland. Benvenuto il jazz nell'underground fiorentino, le formazioni nascevano all'interno del club per rodarsi o affiatarsi e partire per qualche tour europeo.

Ricordo i concerti-azione, delle vere e proprie performances surreali e apocalittiche come i N. E. E. M (Nuove Esperienze Eretico Musicali) capitanate da Edoardo Ricci, una di queste si chiamava *Lectuho Agiographiques e la svolta coloniale dalla Fondazione dell'Impero alla demolizione del cinema Cristallo*, un delirio intelligente di free e grande sperimentazione comica.

Il Trio Cavallanti, composto da Daniele Cavallanti (sax), Filippo Monico (percussioni) e Roberto Della Grotta (contrabbasso), grandi musicisti, grandi esibizioni, grandi atmosfere.

E ancora il duo formato da Sandro Satta (sax tenore e alto) e Antonello Salis (pianoforte) del Trio Cadmo, impressionati dalla genialità e dalla creatività di Salis. Antonello Salis tornò al Banana in duo con Marco Paliano alle percussioni.

Il Trio Tre si presentò sul palcoscenico del Banana Moon con Edoardo Ricci (sax alto), Vittorio Tronfi (contrabbasso) e Stefano Bambini (batteria), un concerto veramente da club, molto notturno.

E poi ancora il Jazz Bakunin capitanato dal batterista Piero Borri, il Jazz Machine, il Quartetto della Firenze Jazz, i Blue Gardenia Band con Nicola Contini (basso), Marcello Ciao tastiere), Joele Camellini (batteria) e Maurizio Dami (chitarra), quest'ultimo fu la prima band ad aprire il decennio 1980 (suonarono il 4 gennaio), un concerto di funky, rock e jazz, si avvertivano già i primi sintomi musicali degli anni Ottanta...

L'Absthesis Quartet si presentava con Luciano Guarino (chitarra), Saverio Albisani (sax), Luca Bochelli (batteria), Stefano Guazzone (contrabbasso) e S. Piccoli (pianoforte), gruppo molto classico e molto "formal".

Uno degli eventi più riusciti del Banana Moon è il concerto di Sea Ensemble, due jazzisti internazionali, ovvero Don Raphael Garrett (ha suonato con John Coltrane e Archie Shepp) al contrabbasso, clarino e flauti e Zusaan Fasteau al cello, piano, flauti e voce. Una coppia di musicisti girovaghi, ricercatori instancabili di suoni sempre più liberi e improvvisati, di passaggio in Italia dopo un soggiorno in Turchia. La loro musica creativa affascina il pubblico variopinto del Banana Moon, due concerti, il 26 e 27 giugno 1977, il pubblico li segue con un silenzio mistico nelle oltre due ore di concerto.

> Il concerto ha avuto un buon successo di pubblico e la musica eseguita è stata bene accolta dai giovani presenti che sfoggiavano tutti un abbigliamento hippie o informale (Alessandro Alessandrini, La Nazione, 28 Giugno 1977).

Il 15 e 16 Dicembre '79 Zusaan Fasteau torna da sola al Banana Moon con *Flyng Carpet*, un viaggio musicale intorno al mondo, realizzato con composizioni originali, un percorso che passa dal Nord Africa all'Atlantico, dall'India all'Europa dell'Est.

Altro quartetto jazz storico passato dal palcoscenico del Banana Moon è quello composto da Radu Malfatti (trombone, ha suonato con i Brotherhood di Chirs Mc Gregor), Sean Berger (sax, ha suonato con Burton Green), Tristan Honsinger (violoncello, ha suonato con Derek Bailey, Evan Parker, la Globe Unity Orchestra di Alex Von Schiffenbach) e Roberto Bellatalla (contrabbasso, ha suonato con Don Cherry, Mario Schiano, Guido Mazzon e Lester Bowie).

Nel maggio '78 arrivò il chitarrista inglese Peter Cusack con il concerto *Improvvisation on the guitar*, grande sperimentatore di suoni ed abile musicista.

Il Banana Moon ha sempre impostato la sua filosofia verso la sperimentazione coraggiosa, dura, di rottura, andavamo molto spesso anche contro i voleri di un pubblico che preferiva cose più facili, cercavamo le avanguardie in tutti i settori. Forse lo facevamo con molta leggerezza, ma con passione e sano divertimento, volevamo essere internazionali, non ci accontentavamo del "piccolo rock club", non volevamo imitare il mitico e grande Space Electronic, volevamo andare contro. Controcorrente, controcultura, controradio. Già, la mitica radio del movimento, la ascoltavamo in continuazione, a volte i nostri artisti venivano intervistati su quella emittente.

Il 10 Marzo 1977 arrivano gli Insieme, capitanati da Marco Lamioni (oggi produttore dei Mondo Candido) e Daniele Trambusti (batterista eccezionale, negli anni 80 frequenterà band come Litfiba, Avida e Diaframma), un gruppo che spazia dal jazz al rock con grande disinvoltura e soprattutto con grande affiatamento. Il sound degli Insieme è veramente colto, raffinato ma anche elettrico, ritmico, mischia sapientemente Soft Machine e Frank Zappa.

Firenze, in questo periodo, è densa di concerti jazz, da ricordare Don Cherry alla Flog (28 gennaio 1976), Patrizia Scascitelli Group presso la Casa Del Popolo "Andrea Del Sarto" (21 febbraio 1976), Art Ensemble Of Chicago alla Festa dell'Unità (31 Agosto 1976), Max Roach alla Flog (15 Settembre 1976), Shakti-John Mc Laughin alla piscina di Campo Di Marte (12 Luglio 1977).

Il gay cabaret di Alfredo Cohen

È uno dei primi eventi rigorosamente gay che si svolgono al Banana Moon, siamo nella primavera 1977, ecco il cabaret di Alfredo Cohen. Da pochi mesi era uscito il suo primo album *Come barchette dentro un tram*, prodotto da Franco Battiato ed edito dall'etichetta It Records. Sul retro della copertina, disegnata da Ugo Nespolo, appariva una presentazione:

> Alfredo Cohen, alias D'Aloisio, si può scegliere quello che si preferisce: quand'era piccolo scriveva soltanto poesie e di musica non si interessava. Poi un comune fatto di cronaca, due omosessuali ammanettati dalla polizia in un cinema, gli fece venire in mente di scrivere una canzone; e la canzone venne usata come colonna sonora per un breve film del FUORI, invitato per l'ultima triennale di Milano. L'idea del film era di riprendere per venti minuti, alla Andy Warhol, un orinatoio frequentato da omosessuali e il titolo era *Kasa*, con la kappa. Sicché in quella prima breve canzone c'era già dentro tutto: la poesia, la protesta, la denuncia, e anche un poco lo sfottò, l'affermazione di realtà vitali represse e oppresse: le realtà vitali della vita quotidiana di minoranze e maggioranze sessuali (Fernanda Pivano, 22 Dicembre 1976).

Questa premessa ci torna utile per parlare del Cohen artista e dello spettacolo presentato al Banana Moon.

> Un "Gay recital" che sarà in scena fino a domenica. Il recital di Cohen è in pratica strutturato per "argomenti" che sono poi, in parte, quelli che condannano l'omosessualità, in parte quelli che dell'omosessuale riscattano la piena voglia di essere se stesso. Le frecce di Cohen sono infine indirizzate anche sui partiti della sinistra: non ne condivide gli schemi "prioritari", li esorta a considerare più da vicino la stretta relazione che c'è tra bisogni sociali e bisogni individua li, tra la prospettiva e l'immediato (R. C., Paese Sera, aprile 1977).

Alfredo Cohen, persona di una schiettezza unica e rara, sul palcoscenico diventava ironico, caustico, diretto, dolce, pungente, accompagnato dal suo fedele pianista, in un concerto rarefatto, riflessivo. Ci passarono tutti a vedere il recital di Alfredo Cohen, fu un vero successo, era la prima volta che a Firenze si assisteva a un evento di questo genere. Firenze si stava svegliando, il Fuori a Firenze promuoveva già happening, sit-in, occupazioni, manifestazioni, insieme al Partito Radicale.

Alfredo Cohen era sempre accompagnato dal fedele Paolo Scarnecchia, produttore esecutivo del disco e manager severissimo dell'artista, una di quelle persone che per tanti anni ha organizzato centinaia di concerti per le campagne dell'aborto e del divorzio per il Partito Radicale, anche a Firenze.

> Arrestato, braccato, schifato, evitato, ucciso, deriso, sorpreso, indifeso, pestato, annullato, violato, castrato... me ne sono andato per i fatti miei in un cinemino di periferia... vado con le marchette, ragazzi sbandati, ventenni ammazzati nel giorno dei nati. Con loro mi trovo ed altri emarginati.... gli dò, mi danno quello che potete immaginare... ehi, tu! Vuoi fare l'amore con me? Tremila lire! Mi devi dare tremilalire (*Tremilalire* di Alfredo Cohen, da *Come barchette dentro un tram*, It Records).

Si presenta tutte le sere sul palcoscenico con la sua camicia bianca e i pantaloni neri con la piega, parla, racconta la vita di un omosessuale alla fine degli anni '70, non è semplice affrontare questi temi, molti in questo periodo hanno paura.

A Roma e a Milano stanno proliferando tante rassegne di teatro omosessuale, a Milano nasce il Collettivo Teatrale "Nostra Signora dei Fiori" che porta in scena *La Traviata Norma ovvero: vaffanculo... ebbene si!* È un gruppo dei Collettivi Omosessuali Milanesi a mettere in piedi questo progetto che girerà in molte città italiane. A Firenze viene presentato presso "La Macchina del Tempo", in Borgo Pinti, uno spazio avant garde dove si organizzano eventi musicali, teatro alternativo, arte contemporanea, lo spettacolo resta per qualche sera, il Banana Moon ancora non era nato.

Ricordo di averlo visto e di esserne rimasto estasiato, scioccato, spiazzato, mi piacque moltissimo, conobbi molti degli attori della Compagnia, compreso Mario Mieli, Roberto Polce, Jimmy Onano, restai a parlare con loro fino a notte fonda. Molti di questi artisti planeranno sul palcoscenico del Banana Moon qualche mese dopo.

Una cosa fu certa, in sintonia con i soci fondatori, il Banana Moon doveva avere una matrice "queer", una base "omosex", uno spazio alternativo dove presentare esperienze di "culture gay". E cosi fu fatto.

A Parma nacque un altro Collettivo Teatrale si chiamavano "Trousses, Merletti, Cappuccini e Cappelliere" o "Pumitrozzole". A Roma si svolgevano rassegne gay con il grande Michel Aspinall o appunto Alfredo Cohen. A Cremona si erano formati i Dirty Lovers Band, mischiavano David Bowie e Iggy Pop in maniera "en travesti", tiravano fuori dal rock and roll elementi spettacolari omosex, anche loro arrivarono al Banana Moon nel luglio 1977, a Firenze faceva un caldo pazzesco, si sudava rock! Nasce il gay rock!

Alfredo Cohen non faceva rock, anzi le sue musiche erano colte, classiche, la sua voce era schietta, calda, avvolgente, arrivava e il pubblico applaudiva, richiedeva bis nelle numerose repliche fiorentine.

Il Tabasco, prima discoteca gay in Italia, aveva già aperto qualche anno prima, noi lo frequentavamo, e cosi per il pubblico fiorentino nacque questo nomadismo notturno tra il Banana Moon e il Tabasco, amici che ci incoraggiavano a continuare in questa "bellissima avventura", il pubblico gay arrivava molto tardi, si leggeva il "FUORI" e "Lambda", le uniche riviste omosessuali in Italia. Il FUORI (Fronte Unitario Omosessuale Rivoluzionario Italiano) si riuniva presso la sede del Partito Radicale a Firenze, in via Dei Neri, erano riunioni caotiche, fumose, carbonare, sincere, formative, critiche. Finivano sempre con tanti impegni politici e pizze notturne.

Gli Zeit di Andrea Tamassia

Gli Zeit sono passati molte volte dal palcoscenico del Banana Moon, una band fiorentina molto "world music", troppo anticipatori di quel filone etnico che esploderà alla fine degli anni 80. Capitanati dal poliedrico Andrea Tamassia, alla chitarra, alla balalajka, alla ciaramella e alla kalimba, insieme a Paolino Casu (congas, bendir, piatti, darbouka, tabla, campane & gong), Paolo Chiavacci (violino e mellafono), Gian Piero Rezoagli (basso acustico) e Grazia Scaramelli (berimbao e triangolo). Le atmosfere che questo gruppo creava sono quelle asiatiche, delle vaste culture del Mediterraneo, i loro concerti erano molto "oriented", una dimensione di grande relax interiore. La prima volta che li ho visti dal vivo mi hanno ricordato immediatamente alcuni gruppi che ho amato tantissimo come i Quintessence, Shakti, Third Ear Band. La cosa veramente incredibile è che nei loro set dal vivo riuscivano a creare queste "vibrazioni sonore" molto morbide. Suonavano rigorosamente seduti per terra, il pubblico del Banana Moon ha sempre gradito i loro concerti, riuscivano ad emanare un feeling tra "weast coast" e dimensioni ascetiche tibetane, sembrava di essere tra Goa e San Francisco, un bel tappeto volante. All'inizio uscì un loro album (a risentirlo oggi è bellissimo, di un'attualità sconcertante), si chiamava *Il cerchio degli antichi colori* (edito, stampato, distribuito, promozionato dalla mitica etichetta Materiali Sonori di San Giovanni Valdarno), un tuffo in un mare di suoni etnici, rarefatti, mobili, colorati, e poi le ritmiche in movimento, una specie di "rodeo cosmico". Tra l'alto collaborarono al disco tantissimi musicisti come Aldo Taraballa, Andrea Biondi, Alfio Antico, Michele Degli Innocenti e Giovanni Savia.

Quando suonavano gli Zeit arrivava un pubblico molto particolare, molto colorato - freak, hipster, hippy - tranquillo, silenzioso, aleggiava nel club fiorentino una sorta di misticismo sonoro, "buone vibrazioni", come si diceva in quel periodo.

I primi concerti degli Zeit (30-31 Marzo 1977) sono mitici, qualcuno ancora oggi mi racconta di registrazioni pirata poi mandate su alcune radio libere toscane. Comunque, eccezionali. Il 21

Luglio 1977, nel Giardino dell'Orticultura a Firenze, si tiene un raduno con il Canzoniere del Valdarno, la Puddica, il Gruppo Bresaola, gli Sky e in chiusura grande trionfo degli Zeit. Qualcuno dice che sono la risposta italiana agli americani Oregon.

Il 5 Ottobre 1977 Andrea Tamassia torna al Banana Moon da solo in un concerto di ricerca musicale sul folklore turco, con saz (liuto turco) e balalaika russa.

Controradio trasmetteva da via dell'Orto, nel quartiere di San Frediano, una sede molto bizzarra, un po' psichedelica, molto underground, chi era al microfono stava su una sedia da barbiere vecchia maniera, con il poggiacapo, trovata non si è mai capito dove. Con il Banana Moon esisteva un "fil rouge" molto diretto, la radio ci appoggiava molto per la promozione dei programmi e noi molto spesso accompagnavamo gli artisti per interviste tra il comico e il paradossale. Che bei tempi, ragazzi!

Il sound di Controradio, in quel periodo, era molto rock, veramente rock, simpaticamente rock, si ascoltava in continuazione Frank Zappa, Led Zeppelin, Jimi Hendrix, Genesis, Jefferson Airplane, Bob Dylan, quello di *Pat Garret & Billy the Kid*, Pink Floyd, Rolling Stones, Beatles, Janis Joplin, King Crimson, Black Sabbath, Santana, Mike Oldfield, Curved Air. Ma stava arrivando il punk, e quindi Sex Pistols e Clash facevano capolino.

Direttore responsabile della radio era Pio Baldelli, un intellettuale e una figura fondamentale in questa città, docente di Storia Del Cinema presso la Facoltà di Magistero a Firenze. Una radio per tutti noi, in quel periodo, era un riferimento essenziale per la controinformazione, per la controcultura di quegli anni, così pieni di cose da fare, da credere, da vivere, da costruire. Insomma, ci piaceva sentire la nostra musica, la nostra vita, le nostre idee.

Arrivò a Firenze, per tre concerti al Banana Moon, Ivan Cattaneo, artista e musicista, lo accompagnai a Controradio e lui volle fare una scaletta musicale, scegliere alcuni brani, optò tra Mina e New York Dolls, tra Alice Cooper ed Enzo Iannacci. Quando partì il brano di Mina, molti ascoltatori cominciarono a chiamare inferociti, una rivolta globale. Capimmo la situazione e mettemmo David Bowie. Caro Ivan, che risate surreali!

Controradio, oltre a trasmettere, organizzava anche eventi, soprattutto concerti, molti dei quali si tenevano al Teatro Tenda di Firenze, come quelli di Bruce Cockburn, Skiantos, Larry Martin Factory, Telephone, Renato Carosone, Eddy Grant e Merton Parkas.

Altra incursione alla radio è quello con Raffaele Riefoli, in arte Raf, per il debutto di uno dei gruppi più interessanti della scena wave fiorentina. Siamo nei primi mesi degli anni '80, la band di Raf si chiama Cafè Caracas, un trio composto da Ghigo Renzulli (alle chitarre elettriche), Renzo Franchi (batteria) e appunto Raf (voce e bass guitar), sembrano i Police di *Walking on the moon*, hanno grinta e grande energia. Alla radio intervisto Raf, mandiamo molto punk e soprattutto i primissimi B52's, li adora nel suono e nel look, un po' sixty rivisitato, molto colore e rigore.

A Bologna l'11 marzo 1977 viene ucciso il militante politico Francesco Lo Russo, la polizia gli spara alle spalle, Controradio è una delle prime emittenti a darne notizia. Gravissimi scontri nel centro di Bologna, barricate, occupazioni, arresti, la polizia irrompe nella sede di Radio Alice, la chiude, tutto in diretta: si sente sfondare la porta, si sentono i compagni che trasmettono e che dicono minuto per minuto quello che sta succedendo. Le ultime parole sono "siamo con le mani in alto, ci stanno strappando i microfoni....", poi un silenzio siderale. Radio Alice viene chiusa, viene cancellata.

Il 1 Maggio 1979 nasce Radio Cento Fiori, il primo brano che viene passato è *Acqualung* dei Jethro Tull, tocca a Ian Anderson varare questa nuova voce sulla città di Firenze.

Il Banana Moon trova spazi e persone molto disponibili all'interno di questa radio, molti redattori seguiranno tutti i concerti del nuovo rock italiano, ancora oggi sono in giro molte cassette di live registrate (inseguite dai collezionisti). Io mi sentivo più legato, affettivamente e politicamente, ai compagni di Controradio, ai compagni che hanno fatto le occupazioni dentro le facoltà fiorentine, che sono andati ai festival del proletariato giovanile di Re Nudo, che ascoltavano in continuazione Ivan Della Mea e Frank Zappa, ai compagni che leggevano Marquez e Jerry Rubin. Ero in quella zona, ero da quelle parti e ci stavo benissimo.

Radio Cento Fiori cominciò una raffica di concerti, tantissimi: Lucio Dalla, Edoardo Bennato, Banco, Peter Gabriel, Iggy Pop, Francesco Guccini, Gianna Nannini, Clash, Franco Battiato, Lene Lovich, Banana Republic (con Francesco De Gregori e Lucio Dalla) e Patti Smith.

Ho un bellissimo ricordo di trasmissioni sul rock italiano al Banana Moon con Diego Semeria, Claudio Guglielmi e Raffaello Carusi. Registravamo tutto, intervistavamo tutti, ci impressionarono da morire i "ragazzi selvaggi" dei GazNevada.

Alla fine degli anni '70 nacque anche Radio Radicale, la prima sede in una cantina catacombale in via delle Belle Donne, all'inizio cominciai anche io a trasmettere, passavo molto rock e parlavo delle attività spettacolari del Banana Moon. In quel periodo comprai un disco, per me fondamentale, *801 Live*, un superconcerto registrato al Queen Elizabeth a Londra il 3 settembre 1976, un supergruppo formato da Brian Eno (voce e sintetizzatori), Phil Manzanera (guitar), Bill MacCormick (basso), Francis Monkman (tastiere), Simon Philips (batteria) e Lloyd Watson (voce e chitarre) dove compariva una cover dei Beatles ribattezzata *T. N. K. (Tomorrow Never Knows)*, una versione futurista, stravolta, ipnotica, planetaria. Quando la passavo mi si chiarivano sempre le idee.

Beatles, perché vi siete sciolti così presto? La più grande strategia nella comunicazione della musica, bombardati per anni da dischi bellissimi. E poi, la fine.

Un altro brano che mandavo spesso a Radio Radicale era *Third Uncle*, sempre da *801 Live*, con un Brian Eno scatenatissimo, una specie di collasso rock, tra progressive e rock and roll.

A Radio Radicale conobbi Stefano Fuochi, passava tanta musica tedesca, "kraut rock", dai Can ai Neu, dai Krafwerk ai Grand Funk Railoroad (che erano americani...).

Radio Radicale raccontava anche tutte quelle avventure politiche di quel periodo, le battaglie per i diritti civili, manifestazioni, sit in, concerti happening, raccolte di firme, riunioni, collettivi.

Da ricordare il 21 Maggio 1976 la manifestazione indetta dal Partito Radicale a Firenze, in piazza S. Croce, con Francesco Guccini e tanti altri artisti.

I concerti colorati di Ivan Cattaneo

L'arrivo di Ivan Cattaneo al Banana Moon fu preceduto da una promozione pazzesca: volantini su tutti i muri di Firenze, alcune radio passavano i suoi due album, chiamavamo i giornali per diffondere la notizia. Eravamo gasatissimi, e tutti ci chiedevano: ma chi è questo artista "così colorato, così poliedrico, così pop"? Tre concerti, il 15, 16 e 17 Aprile 1977, un week end con uno degli artisti più bizzarri, più eclettici, più energetici, più innovativi della scena gay-dancing italiana. Era già uscito il suo primo album *Uoaei* per la mitica etichetta Ultima Spiaggia (diretta da Nanni Ricordi e Gianfranco Manfredi). Nella presentazione del disco si legge:

> Portavoce di un surrealismo di stampo hippy, oltre che simpatizzante del Fronte Unitario Omosessuale Rivoluzionario Italiano, che ne avvicina il discorso musicale a quello di alcuni esponenti della musica "pazza" americana (da Zappa in poi), Ivan Cattaneo mostra di possedere sotto la patina di "sconcertatore di borghesi" promettenti doti di autore e di interprete. L'album, da cui è anche stato tratto un 45 con *Darling* e *Pomodori da Marte*, vede tra gli strumentisti nomi quali Gianni Bedori, Massimo Villa e Mauro Pagani. Coadiuvato da alcuni artisti noti al "giro" milanese, Cattaneo è un cantautore surrealista, pieno di immagini vibranti e spesso violente, guidato da un'irresistibile fantasia, a volte kafkiana (costanti riferimenti agli insetti). Un timbro particolare lo aiuta in numerosi giochi vocali, ben amalgamati con la strumentazione: il disco di un visionario lacerato, figlio di una generazione che Ivan stesso chiama "infelice" (dalla presentazione di *Uoaei*, novembre 1974)

In alcuni viaggi milanesi avevamo incontrato i responsabili della Ultima Spiaggia e ci eravamo proposti di portare alcuni loro artisti al Banana Moon. Ivan Cattaneo fu il primo ad arrivare, fresco e pimpante, eccessivo ed intelligente, pazzo e curioso, non ci faceva mai dormire, non era mai stanco. La notte per lui era un'oasi di creatività, il giorno sempre a girare, fare shopping, ascoltare musica, provare, riprovare il suo "pop show". Ovviamente usava le basi, dal vivo si trasformava in una furia spettacolare, piccolino ed esplosivo.

I primi concerti di Ivan Cattaneo al Banana Moon divisero un po' il pubblico, chi lo adorava da impazzire e chi lo detestava. Ci fu anche qualche contestazione, ma noi lo adoravamo, nella scaletta del concerto oltre a brani del primo album come *Darling* (pezzo ballatissimo al Banana Moon, sembrava uscito fresco fresco dalle atmosfere dancing di Giorgio Moroder) e poi *Big Bang* o ancora *Pomodori da Marte* e *Il bambino è perverso.*

Ivan Cattaneo dal vivo era come una trottola coloratissima che girava e faceva girare, tanto pubblico affollò le tre serate. Presentò anche alcuni brani del suo secondo album, che stava registrando in questo periodo, ci disse che un mese dopo entrava in sala di registrazione con uno staff di "valorosi musicisti". L'album sarebbe uscito in autunno e si chiamò *Primo Secondo e frutta (Ivan compreso)*, con una copertina ideata e realizzata dallo stesso Ivan Cattaneo e che faceva capire benissimo che gli anni Ottanta stavano arrivando al galoppo, una copertina tra il punk e il glamour surrealista.

Il 16 e 17 Dicembre 1977 Ivan Cattaneo torna al Banana Moon. È uscito da poco il suo secondo album, lo spettacolo-concerto diventa molto più "gay dancing ", mi piace la sua gestualità e la sua grande spontaneità. Dal vivo fa una scaletta più ritmica e meno "hippy", al concerto di Ivan Cattaneo si balla con brani come *Maria-Batman* o *Psico-Fico* o *Uffa* o *L'amore è una scossa meravigliosa.* Il finale esplode letteralmente con *Salve o Divina!* (travestitostory) e tutto il Banana Moon diventa una discoteca da "febbre del sabato sera":

> Tu stella diversa al cervello/ed i piedi a graffiar la pedana per tutta la notte/e i ragazzi del sabato sera/curiosi ti toccano e chiedono ma come mai? Tu non sei proprio uguale a noi/quei trucchi sfavillanti calzoni attillati/un angelo sporco non ancora caduto/tu sei la regina del nostro night/un clown

senza circo sopra una corda (da *Salve o Divina!*, di Ivan Cattaneo).

Tra l'altro l'inizio del concerto arriva con un brano da rock'n roll cosmico, si chiama *La segretaria ha colpito ancora* ("il testo è nel linguaggio inventato o anglo-bergamasco tipico delle indaffaratissime dattilografe milanesi", dalle note di copertina di *Primo Secondo e Frutta*). L'etichetta Ultima Spiaggia scriveva, in un suo bollettino: "

> Facciamo dei dischi. Enzo Jannacci ha fatto *Quelli che...* un Lp che ha avuto una certa diffusione grazie alle radio libere, ma che la RAI ha giudicato "pericoloso" e bocciato praticamente tutto. Secondo loro dire per esempio "quelli che fanno l'amore in piedi convinti di essere in un pied a terre" sarebbe osceno. Ivan Cattaneo ha fatto un Lp impostato su una voce usata come strumento, a vocalizzi, o con linguaggi inventati. La Commissione di censura RAI l'ha bocciato "per il testo". Abbiamo fatto un Lp collettivo (*Disco dell'Angoscia*) e anche di questo, di fatto s'è impedita la radiodiffusione anche dei pezzi strumentali, per il suo carattere "provocatorio". Allora? Facciamo dischi, ma rischiamo di tenerceli. Allora ci siamo detti: cerchiamo di renderci autonomi dalla RAI, sviluppiamo più a fondo quel rapporto che già abbiamo coi canali alternativi (radio libere, circoli, situazioni in movimento) e cerchiamo di renderci autonomi dai negozi, pratichiamo un rapporto diverso con la gente. Allora abbiamo messo insieme un indirizzario, non casuale, non da elenco telefonico: vi abbiamo contattato attraverso riviste di movimento (da Re Nudo a Com. Nuovi Tempi), case editrici, gallerie d'arte d'avanguardia, circoli teatrali, comitati di lavoro per l'aborto... (dal bollettino dell'etichetta Ultima Spiaggia, ottobre 1976).

I concerti di Ivan Cattaneo al Banana Moon portarono una valanga di pubblico nuovo, giovane, colorato come i "looks" imprevedibili e fantasmagorici del nostro caro Ivan.

Indiani metropolitani a Firenze: il Banana Moon aderisce!

Nella primavera del 1977 a Firenze, come in molte altre città italiane, le facoltà universitarie sono occupate: dibattiti, sit-in, collettivi femministi, collettivi di autocoscienza, graffiti colorati, assemblee interminabili, sacchi a pelo notturni, letture, reading poetici, stampa underground, cibo macrobiotico, collettivi omosessuali, tarocchi, astrologia bizzarra, culture freaks politicizzate.

Insomma, tutti gli Indiani Metropolitani italiani si danno convegno a Firenze per una grande manifestazione di tre giorni (23-24-25 aprile 1977) in piazza Santa Croce, sotto lo sguardo austero del mitico e sommo poeta Dante Alighieri. Sono tre giorni di iniziative, concerti, performances, arte on the road, ma anche tensioni e dibattiti infuocati. Il terzo giorno ci scappa anche una carica della polizia con lacrimogeni.

> La sua faccia è tinta con i segni dei pellirosse. Vive in riserva. Si chiama Indiano Metropolitano. Sulle mura del recinto ha scritto: non è il '68 è il '77, non abbiamo passato né futuro, la storia ci uccide. All'arrivo degli attivisti del Pci e della Cgil si rivolta: via via la nuova polizia. Anche se non è un sottoproletario, è un emarginato semi-intellettuale dinanzi al collasso di quella "industria della conoscenza", che ha per materia prima la materia grigia. S'avanza uno strano studente (Alberto Ronchey, Il Corriere Della Sera, 19 febbraio 1977).

Il 24 aprile 1977 vado al Teatro Della Pergola di Firenze, a vedere lo spettacolo *Libertà Obbligatoria* con Giorgio Gaber. È un'illuminazione totale, mi identifico subito nelle cose che dice, che canta. Nasce una grande simpatia per il cantautore milanese che si trascinerà per molti anni.

Il giorno dopo vado a comprarmi il disco, rigorosamente in vinile, doppio album, rimango folgorato. Dopo qualche sera Giorgio Gaber entra nelle scalette del Banana Moon. Mi compro *Anche per oggi non si vola* (registrato al Teatro Lirico di Milano il 9 ottobre 1974), alla batteria compare Tullio De Piscopo, lo sento in continuazione. Giorgio Gaber mi fa capire molte cose: strano, io non lo avevo mai preso in considerazione, anzi lo avevo snobbato molto, negli anni '60, non mi convincevano tutte quelle canzonette leggere. Ora ascoltavo *La peste*, "la peste ti viene addosso...!", urlava Giorgio Gaber.

In quel week end il Banana Moon è solidale con tutte le iniziative culturali degli Indiani Metropolitani, si trova in sintonia con tutto quello che succede a Firenze.

Ricordo un altro appuntamento politico, la Festa della Primavera (21 marzo 1976) presso il quartiere Tre Pietre, zona Firenze Nord, in cui era presente tutta l'area alternativa, dal Fuori al Collettivo di Controcultura, con concerti, animazioni, happening di strada, azioni teatrali. Ricordo che lì captai un messaggio: cambiare, aprirsi, divertirsi. Quel giorno faceva molto freddo. Stava nascendo il mitico proletariato giovanile.

Il mio viaggio al festival di Re Nudo, al Parco Lambro di Milano, sempre nel 1976 (26-28 giugno), è esplosivo. Arrivo al mattino, siamo partiti di notte da Firenze. Mi trovo davanti un parco con tantissima gente, che parla, discute, suona, mangia, fa all'amore, fuma, sogna, progetta. Rimango dolcemente impressionato. Nel pomeriggio assisto a un incontro con Jerry Rubin, l'inventore della controcultura americana. Fantastico, il suo libro *Do it. Fallo* me lo sono letto non so quante volte.

Sul palco concerti di Ricky Gianco, Gianfranco Manfredi, Eugenio Finardi, Nacchere Rosse, Patrizia Lopez, Jenny Sorrenti, Agorà, Napoli Centrale, Lyonesse, Canzoniere Del Lazio, Tony Esposito, Roberto Cacciapaglia. Ma la magia sonora arriva con Don Cherry e il suo gruppo, riesce a creare una pace, una dimensione di grande interiorità.

A Firenze, qualche anno prima del Banana Moon, nasceva La Buccia, presso la Casa Del Popolo Lippi, nel quartiere del Nuovo Pignone, un autentico posto alternativo, veramente underground, ai margini della follia creativa. Aperto solo la domenica pomeriggio e qualche sera della settimana, luogo deputato per concerti rock, spettacoli teatrali, esperimenti visivi, cinema off, controcultura, sperimentazioni. Biglietto d'ingresso 300 lire. Tra i gruppi musicali residenti alla Buccia gli Zero erano quelli più gettonati, autori di un rock "ruspante", dadaista, con show esilaranti, ma anche tutte le bands di Ranieri Cerelli (uno dei chitarristi storici del rock fiorentino), i fratelli Paolo e Stefano Hollesch (la west-coast toscana, acustici, fans di Crosby, Stills, Nash &Young), Richard Ursillo, Bronko, e tanti altri.

È durato circa due anni, poi anche questa isola felice è sprofondata nel niente. La Buccia è uno di quelle esperienze di aggregazione intelligente, venne fuori anche una rivista, si chiamava "Uhhhh" con fumetti, articoli e controinformazione. All'ingresso del locale molto spesso si faceva vendita militante di "Re Nudo", la voce della controcultura italiana.

Mistica sonora: arriva Claudio Rocchi

Si chiama *Mirage: performance di musica elettronica*, ecco Claudio Rocchi al Banana Moon, tre concerti (27-28-29 aprile 1977). Il primo concerto è tutto esaurito, mai visto il locale così stracolmo, è presente tutta la scena musicale fiorentina, dagli Zeit ai Mr. Blues, dai cantautori impegnati ai folk singer, dai freak di piazza San Marco agli ultimi militanti di Re Nudo, ci sono anche i giornalisti, da Controradio a Paese Sera, e ci sono i fans di Rocchi, con le vecchie copertine dei suoi dischi per chiedere l'autografo o la dedica.

Claudio Rocchi ha diviso il suo set musicale in sette parti, il palcoscenico del Banana Moon è pieno di tastiere e apparecchi elettronici, ha anche la sua inconfondibile chitarra acustica, quella usata nei suoi primi album, intimisti e molto cosmici. Ho assistito alle prove pomeridiane e noto che l'atmosfera musicale di Claudio Rocchi è molto diversa dal passato, giustamente si cresce e si va avanti, non si possono fare sempre le stesse cose per tutta la vita. Rocchi mi chiede se posso stare ai filmati, ai suoi super 8 che devono essere mandati in certi momenti del suo concerto, mi gratifica molto ma mi mette anche in ansia, non vorrei sbagliare e interrompere il fluido magico del suo spettacolo. Tutto è molto elettronico e molto sperimentale, è uscito da un anno *Suoni di frontiera* per la Ariston e quindi il percorso di Rocchi è proprio questo. Il concerto è lungo, sintetico, tanta sperimentazione, in alcune parti freddo e glaciale, duro, molti del pubblico chiedono a Rocchi vecchi brani e rumoreggiano per questa sua nuova scelta.

> La sperimentazione da una parte e la voglia di crescere dall'altra avvicineranno sicuramente, nel corso del prossimo decennio, la scienza e la musica. Comincia ad essere evidente, anche se non si conoscono ancora le relazioni, che la musica agisce sull'uomo al punto di produrre varie e profonde modificazioni interne, sia pure in diversi modi e a diversi livelli, a seconda del diverso terreno psicofisicoculturale che incontra nei diversi soggetti (dalla presentazione *Suoni di Frontiera*, di Claudio Rocchi).

Il pubblico del Banana Moon rimane un po' disorientato, ma apprezza il coraggio e la sua ricerca, a me piace, alcune cose che propone Claudio Rocchi mi ricordano la musica cosmica tedesca, dai Neu ai Can, dai Popol Vuh a Klaus Schulze, dagli Ash Ra Temple di Manuel Gottsching a Edgar Froese.

Nel 1980 Claudio Rocchi incide un album *Un gusto superiore* con Paolo Tofani (chitarrista dei mitici Califfi negli anni '60 e poi con gli Area di Demetrio Stratos negli anni '70), tutti e due si ritrovano nell'esperienza mistica degli Hare Krishna. Canta Rocchi in questo disco "

> Ho bisogno di calma ma una calma diversa, una guida sicura per esplorare me stesso, per capire chi sono non ce la faccio da solo, un maestro di vita che mi sappia indicare le rinunce essenziali, per ritornare all'inizio di questo stupido viaggio" (da *Jaya Srila Gurudeva Bhagavan*, di Claudio Rocchi).

Il concerto termina, mi vengono in mente le canzoni che ascoltavo in radio, a "Per voi Giovani", le prime, come *La tua prima luna*, ma quello era un altro Claudio Rocchi.

Rocchi terrà altri tre concerti al Banana Moon l'anno dopo (3-4-5 marzo 1978), perfezionando le sue sperimentazioni sonore e vocali.

La musica di Francesco Messina

Arriva Francesco Messina, due concerti (7-8 maggio 1977), un concerto per appassionati, un concerto per pochi intimi, un pubblico ristretto affolla il locale di Borgo Degli Albizi. Uno spettacolo morbidissimo, vellutato, sincero, rilassante, riflessivo. Francesco Messina arriva da Tricesimo (Udine), segno zodiacale del Leone, ha venticinque anni, una persona intelligente, comunicativa, ha nella testa un mondo gioioso e lo fa percepire a chi assiste al suo concerto. Un set breve, ma pieno di energia che fa riflettere, meditare, sprofondare. Nel 1979 incide un album per la Cramps, si chiama *Prati bagnati del Monte Analogo*, insieme a Raul Lovisoni, prodotto dal grande amico Franco Battiato, con alla voce Juri Camisasca. Passiamo un gradevole week end con Messina, è ospite nella mia casa di via Camaldoli, nel quartiere di San Frediano, che diventerà un po' il relais di molti artisti che sono passati dal Banana Moon. Vicino a casa mia si trova la sede di Controradio ed è occasione molto spesso di interviste e incursioni nel palinsesto dell'emittente fiorentina più alternativa della città. Francesco Messina si occupa, oltre che di musica, di design, editoria, grafica, il suo Polystudio è attivissimo, progetta per istituzioni culturali, musei e teatri.

Il 12 maggio 1977 a Roma scoppiano grossi incidenti per una manifestazione indetta dal Partito Radicale. Giorgiana Masi viene uccisa con un colpo di pistola. Il Banana Moon chiude per protesta.

A Roma si vietano molti cortei, sale la tensione in tutta Italia. Il 14 maggio a Milano altri scontri, muore un poliziotto. A Roma sit-in pacifico per Giorgiana Masi, la polizia carica e spara lacrimogeni.

Continua la sperimentazione coraggiosa del Banana Moon, il 21 e 22 maggio 1977 arriva l'Ensemble curato da Albert Mayr, una performance sonora con Gianfranco Gentile, Gianfranco Cavaliere, Guido Bresaola, Marina Brizzi, Umberto Pellegrini e Lelio Camilleri.

Mr. Ollagnap. Riccardo Pangallo e il suo cabaret surreale

Uno dei personaggi più eclettici della generazione creativa che arriva al Banana Moon è Riccardo Pangallo, con il suo teatro surreale e post-comico. Riccardo è un caro amico, ci siamo frequentati per molti anni dalle parti di piazza San Marco, luogo di ritrovo di compagni, freak psichedelici, artisti dadaisti, musicisti, insomma tutta l'area alternativa della politica fiorentina. Partivamo per lunghe passeggiate nella sua Reanault rossa nella campagna toscana, per un periodo ci balenò l'idea di prendere una casa insieme nel Mugello. Ritrovo Riccardo Pangallo nelle vesti di "attore stralunato" e subito gli offriamo la possibilità di presentarsi sulla scena fiorentina. Incredibile il suo *Mr. Ollagnap* (il suo cognome alla rovescia) ha un successo incredibile, piace, arriva, convince il pubblico "lunare" del Banana Moon.

Il suo debutto arriva il 28 –29 maggio 1977, prima di scegliere la carriera solista ha militato per tanto tempo nel Collettivo Cavallo Pazzo di Firenze, un ensemble di venti musicisti, comici, pittori, attori, urlatori, registi, che produce una specie di "musical metropolitano" abrasivo, ironico, tagliente, divertente, apocalittico. Suonano nelle facoltà occupate, nelle manifestazioni, ricordo un concerto all'Accademia (ovviamente occupata) dove regalarono un concerto mozzafiato. Nel supergruppo militavano molti artisti, da David Riondino a Daniele Trambusti, da Stefano e Paolo Hollesch a Massimo Fagioli, da Silvano Panichi a Carlo Isola, non mi stupirei che anche Paolo Hendel qualche volta abbia partecipato a jam session della band che provava in un ex garage di via Fiesolana, nel quartiere S. Croce di Firenze.

Riccardo Pangallo è anche un po' preoccupato per il debutto al Banana Moon, quello è un palcoscenico "che scotta". Il pubblico del club è molto esigente e se non funzioni partono critiche pesanti e radicali, se funzioni allora puoi andare tranquillamente e fare quello che vuoi.

Lo spettacolo è la storia di un personaggio "alla rovescia", buffo, una comicità del paradosso, un humor "molto fiorentino".

Per queste cose Pangallo è un genio, continuerà negli anni 80 e fino ai giorni nostri con successi stratosferici, ricordiamo le meravigliose invenzioni dei doppiaggi a personaggi famosi del cinema o della politica internazionale.

Ritornerà al Banana Moon, a grande richiesta e con lo stesso spettacolo, quasi un anno dopo, il 13 e 14 maggio 1978, e sarà ancora un trionfo incredibile.

Arriva Mario Mieli

Allo staff del Banana Moon è sempre piaciuto ospitare spettacoli o performances di "teatro gay", abbiamo sempre seguito le attività culturali e teatrali dei C. O. M. (Collettivi Omosessuali Milanesi). Il 17-18-19 giugno 1977 approda da Milano la Compagnia "Caramella Dolce Al Mughetto" in *Al maschio non far sapere* con Mario Mieli, Roberto Polce e tanti altri.

Mario Mieli torna da solo con uno spettacolo-performance per la Compagnia "Immondella Elusivi" in *Questo spettacolo non s'ha da fare, andate all'inferno* (11-12-13 novembre 1977), una lezione potremmo dire "poetica". Si presenta sul palcoscenico con un "look post-atomico-leather", tacchi a spillo, molto alti, e un vestito di plastica nero, realizzato da lui medesimo (nel pomeriggio al Banana Moon) con i sacchi per la spazzatura. Un impatto forte, una energia intellettuale colta e rigorosa.

> Forse arriverà indossando "le piume e le cravatte, così come le guaine di leopardo e il biberon, le borchie, il cuoio e le fruste di leather queen, gli stracci sudati e bisunti da scaricatore di porto e l'abito di tulle", guardaroba che lui stesso raccomanda a chi desideri lanciarsi sulle strade dell'eccesso contro la noia dannata e castrante della "norma". In ogni caso la calata di Mario Mieli a Firenze è destinato ad avere la sua eco tra gli omosessuali dei movimenti, dei collettivi e delle esperienze autonome locali. Ha scritto e pubblicato presso Einaudi un saggio ben parlato che fornisce "Elementi di Critica Omosessuale"; ha tappezzato della propria presenza la storia del gay-movement italiani; milanese, giovane studioso, Mieli mette a confronto nel suo libro, come scrive nell'introduzione, il proprio punto di vista "maturato e ringiovanito nell'ambito del movimento gay molti dei luoghi comuni antiomosessuali e alcune delle più note teorie psicanalitiche inerenti l'omosessualità". Politico non politico, Mieli fa, oggi parte dei COM (Paese Sera, novembre 1977).

Le tre serate con Mario Mieli filano lisce con un successo pazzesco, un pubblico bellissimo che lo accoglie calorosamente. In scena ci sono solo lui e un microfono, dal vivo ha una forza e un carisma indescrivibili. Mario Mieli ha un sacco di fans che gli chiedono di firmare il suo libro, io lo rivedrò al Parco Lambro nel giugno 1978, in grande forma, a vendere la rivista "Il Vespasiano".

Mario Mieli tornerà al Banana Moon da solo il 1 e 2 marzo 1978 con una pièce solista, sempre più radicale, più estremo, più audace. È l'ultima volta che lo vedo.

Il 18-19-20 ottobre 1977 arriva Jimmy Onano dei C. C. M. con il suo recital di canzoni, un cantautore "queer" con voce e chitarra, i brani del concerto dovrebbero finire in un album, ma non si sa quando uscirà.

Il Rondò di Bacco

Uno degli spazi più off per il teatro di ricerca, negli anni '70, è stato il Rondò di Bacco in piazza Pitti a Firenze. Frequentavo spesso questo teatrino mediceo affrescato, sul soffitto costellazioni astrologiche, massimo cento posti, qui è passata tutta l'avanguardia teatrale italiana e straniera di teatro sperimentale. I primi spettacoli dei Burattini Crudeli, compagnia formata da Fiorenza e Andrea Bendini, atmosfere inquietanti, cupe, ai margini del grottesco, un teatrino di marionette dense di pathos, geniali. Le uscite di Leo De Berardinis e Perla Peragallo in *Sudd*, avvisaglie di periferie metropolitane, neon bianchi, la forza di due grandi attori. Paolo Poli con *Rita da Cascia* o il mitico Roberto Benigni con il suo *Mario Cioni* (le prime repliche eravamo veramente pochi intimi).

Vedute di Porto Said della Compagnia Il Carrozzone (che poi diventeranno Magazzini Criminali), rimango sconvolto dal ritmo incalzante, dalla violenza delle immagini, dall'uso della scenografia, e dal rock che fa da colonna sonora. Dice Federico Tiezzi del Carrozzone: "*Vedute di Porto Said* non è un manifesto, non è veramente niente, è un punto che diventa linea, è pura velocità".

Nel febbraio 1979 il Carrozzone, sempre allo Spazio Teatro Sperimentale-Rondò Di Bacco, presenta *Punto di Rottura* con Marion D'Amburgo, Sandro Lombardi, Alga Fox, Luca Abromovich, Pierluigi Tazzi, Luisa Saviori e Federico Tiezzi. Uno spettacolo che mi spiazza completamente, mi piace da impazzire, lo vado a vedere due volte, è il teatro che vorrei fare dentro il Banana Moon, ma non ce lo possiamo permettere.

Il 26 settembre 1979 i Magazzini Criminali presentano a Roma, alla rassegna teatrale di via Sabotino, *Last Concert Polaroid*, praticamente un concerto con Marion D'Amburgo, Sandro Lombardi, Federico Tiezzi, Luca Vespa, Alga Fox e Pierluigi Tazzi, volumi sonori e cani lupo che ringhiano sul pubblico.

Al Rondò di Bacco assisto alla prima nazionale del nuovo spettacolo della Compagnia Pupi e Fresedde diretta da Angelo Savelli in

La Terra Del Rimorso (28 marzo 1977), culture popolari e teatro di strada, questi gli ingredienti della rappresentazione.

E ancora, ecco il nuovo lavoro di Lucia Poli *Mine-Haha o dell'educazione fisica delle fanciulle* di F. Wedekind, qualche anno prima avevo assistito a *Liquidi*, sempre di Lucia Poli, più diretto e crudele.

Arriva al Rondò Bob Wilson in *Dia-logue* (17 ottobre 1977) e Meredith Monk in *The house* (23 ottobre 1977). Il 21 novembre 1977 debutta Proust di Giuliano Vasilicò.

Rimango sbalordito nel vedere il Living Theatre di Julian Beck e Judith Malina in *Sette Meditazioni sul Sadomasochismo Politico* (12 gennaio 1976), uno spettacolo che spiazza e fa riflettere. È diviso in sette parti: *Sul dominio e la sottomissione*; *Autoritarismo (rapporto schiavo-padrone)*; *Proprietà*; *Denaro*; *Sulla violenza, la repressione poliziesca*; *Morte, Capitalismo, cultura della morte*; *Cambiamento Rivoluzionario*. Il finale arriva con gli attori che si mischiano in mezzo al pubblico a parlare, a comunicare, a spiegare. Il messaggio del Living Theatre arriva e produce dibattito.

Il 10 ottobre 1976 si esibisce il Bread And Puppet Theatre in *White Horse Circus*, uno spettacolo di una magia unica e rara, la prima parte dentro il teatro e la seconda all'aperto con mangiafuochi, equilibristi, orsi ballerini, foche ammaestrate, saltimbanchi, in un'esplosione di vitalità.

Il Banana Moon ha sempre avuto due aspetti nella sua programmazione, uno di grande rigore e di grande sperimentazione e l'altro di grande leggerezza creativa e di svago intelligente.

Sul palcoscenico sono passati tanti artisti "minimali" di musica contemporanea, come Roberto Cacciapaglia (30 aprile-1 maggio 1977), due concerti di classica ed avanguardia. Un musicista che a me piace moltissimo, pianoforte magico, un artista con delle potenzialità prodigiose, seguo i due concerti attentamente, rapito, quasi estasiato. Facciamo anche due incursioni in due radio fiorentine per la promozione dei concerti, a Radio One dove ci guardano come dei marziani (il palinsesto della radio è tutto proiettato verso la disco e la black music, non hanno niente di Cacciapaglia e quindi scelgono di mandare musica classica) e a Radio Firenze Libera, dove nasce una discussione con la conduttrice, che comincia a parlare malissimo della sperimentazione nella musica e a criticarci, ma noi lasciamo perdere.

Il 19 settembre 1977 (qualche giorno prima di riaprire il Banana Moon dopo la pausa estiva) a Firenze, presso la Casa del Popolo XXV Aprile arrivano gli Henry Cow in concerto, si presentano con uno slogan molto preciso e diretto: "L'arte non è uno specchio, ma è un martello". Un concerto che mi fa riflettere.

Il 29-30 ottobre 1977 al Banana Moon è di scena Dimitri Golowaskin in un concerto di musica iterativa con tastiere elettroniche ed effetti sonori. Arriva da Venezia, ci siamo conosciuti a un festival di nuove sonorità a Villavallelonga, nel Parco degli Abruzzi, con tanti musicisti come Franco Battiato, Alvin Curran, Juri Camisasca, Roberto Cacciapaglia, Luciano Mastracci, Francesco Messina, Gruppo Operaio di Pomigliano D'Arco, Compagnia Della Porta, i Cadmo di Antonello Salis e appunto Dimitri Golowaskin. Dal vivo crea atmosfere morbide, elettroniche, una sorta di relax sintetico, al Banana Moon regala attimi di "magia sonora". In questi giorni a Firenze (29-30-31 ottobre) al Palazzo dei Congressi si svolge il XIX Congresso Nazionale del Partito Radicale.

Golowaskin apre un varco nella sua ricerca sonora verso forme musicali come l'ambient music o la musica rareffatta, con segnali psichedelici. Ci troviamo bene con lui, è una persona curiosa e simpatica, lo rivedremo qualche anno dopo per i concerti dei Gong, a Firenze planò al Teatro Tenda, apriva la loro tournée italiana.

Dal Banana Moon qualche tempo dopo sono passati molti altri musicisti "sperimentatori" come Francesco Battaglia e Stefano Mazzoni, un duo super-elettronico (19 ottobre 1977), e ancora Roberto Mazza (10 febbraio 1979), Lino Capra Vaccina (18 febbraio 1979), Orchestrion (16-17 febbraio 1979). A noi piacevano molto tutte quelle "avanguardie sonore" che affollavano gli anni '70. A Firenze devo dire esiste una scuola molto fertile per la musica contemporanea e penso a Giancarlo Cardini e al suo pianoforte. Lo rivedrò tante volte al Rondò di Bacco con i suoi concerti tra pianoforte, giocattoli e fiori (gigli) collocati dentro il piano. Memorabili i suoi recital dedicati a musiche sperimentali dell'avanguardia internazionale come Cage, La Monte Young, Chiari, lo stesso Cardini e tanti altri.

Folk e cantautori

Gli anni '70 sono stati il decennio dei "cantautori impegnati" e soprattutto il decennio del folk popolare, del folk da barricata, del folk mistico, del folk romantico, del folk intimista, del folk revival, del folk ironico. Tutti facevano folk-blues, folk-rock, folk acustico. Il Banana Moon ha dato spazio anche a questi artisti, volevamo creare un "piccolo Folkstudio" (club mitico e gettonato in quel periodo nella capitale, li sono nati tanti artisti famosi come Francesco De Gregori o Antonello Venditti, lì ha suonato per la prima volta in Italia Bob Dylan, ancora molto "underground").

I primi ad arrivare al Banana Moon sono due musicisti che provengono da Roma, Mauro Rendina e Richard Sherwood (18 marzo 1977), folk inglese e americano, atteggiamento west-coast, Woodstock-style. Chitarre e voci, culture hippy, vita comunitaria, on the road, questo è il sound di questa serata, direi una notte molto freak.

Il 20 aprile arrivano i Guguanco con il loro folk latino-americano, ritmiche ed atmosfere "calienti".

Giovanni Pescatori è un altro folk-singer che arriva al Banana Moon (1-2 giugno 1977), anche lui romano, molto taciturno ma esplosivo sulla scena, blues acustico, sanguigno, comunicativo, un folk urbano, bella voce.

Il 15 e 16 giugno 1977 ecco Fabio Monsignori, fiorentino, insieme all'amico americano Rob Saunders, il concerto si chiama *Sky*, un folklore internazionale ricco di atmosfere sorridenti e gioiose. Al pubblico del Banana piace il folk, anche se il locale non è mai "sold out" con questo tipo di proposte musicali solo per addetti ai lavori, per pochi intimi.

Il 22-23 dicembre 1977 al Banana Moon recital di Silvano Pantesco, cantautore emiliano, è la prima volta che suona in Toscana, a volte sconfina in una sorta di cabaret tra l'impegno e l'ironico, nelle sue canzoni si parla molto di emarginazione metropolitana e storie omosessuali. Dal vivo mi piace la sua forza, la sua gestualità, le sue facce, mi piace come vive e canta le sue liriche, ci mette passione e coraggio, è un artista che mi colpisce e che mi fa sobbalzare sulla sedia, mi ricorda per alcuni versi il livornese Piero Ciampi.

Al Banana Moon ecco Francis Kuipers (2-3-4 dicembre 1977), di nazionalità inglese con origini olandesi, il suo repertorio è *Folk, blues, and rags* (come si intitola il suo album uscito per Fonit Cetra nel 1975). La sua musica è "negro-blues, rag time, bluegrass, canzoni popolari del Nord America". È uno dei principali portavoce del "flat-picking", cioè suonare la chitarra con il plettro come tanti musicisti importanti, Woody Guthrie, Carter Family e tanti altri. Si esibisce insieme a Gianfranco Colletta, due chitarre veramente blues.

Università occupata, collettivi e controcultura

Le occupazioni nelle Università e nelle scuole superiori si allargavano a macchia d'olio, nascevano collettivi ovunque, iniziative, progetti culturali, concerti rock, concerti di protesta, si occupava, si comunicava, si criticava, si suonava, tutti facevano qualcosa, nessuno stava fermo. I due gruppi musicali che suonavano spesso in questi scenari erano il Collettivo Victor Jara e il Collettivo Cavallo Pazzo. Il Collettivo Victor Jara era composto da David Riondino, Silvano Panichi, Massimo Fagioli, Chiara Riondino, nacque nel 1972 e si sciolse nel 1979, un cabaret teatrale e musicale che toccava tutte quelle realtà di protesta. Suonarono al festival di Licola di fronte a trentamila persone e alla Palazzina Liberty di Milano, gestita da Dario Fo e Franca Rame. A Firenze erano molto conosciuti, avevano la sede in via Fiesolana e la dividevano con il Collettivo Cavallo Pazzo.

Il Collettivo Cavallo Pazzo era più "rockettaro", meno cabaret più "progressive", tanti musicisti che militavano in questo supergruppo, da Ranieri Cerelli ai fratelli Hollesch, Luciano Vavolo, Daniele Trambusti, Riccardo Pangallo, Eugenio Peluso, Lucia Bigazzi, Carlo Isola, Antonio Tassinari. Usavano enormi scenografie, molto spesso facevano interventi di piazza senza amplificazione, amavano fare spettacolo per strada, uno dei loro ultimi spettacoli si chiamava *Autostrada*, una storia coloratissima, fatta di personaggi "on the road".

Tutto questo "popolo artistico" si ritrovava in piazza San Marco, sotto i loggiati dell'Accademia di Belle Arti, inverno ed estate, al caldo e al freddo, a parlare, a raccontarci le nostre storie quotidiane, belle e brutte, esisteva una grande comunicazione, un libro passava da una mano all'altra e cosi un disco. Partivamo in massa per andare al mare (Isola d'Elba o Isola del Giglio, ma anche Calaviolina o al Parco dell'Uccellina) in estate, week-end psichedelici, notti in bianco a parlare di Carlos Castaneda o Herman Hesse, albe morbide e stanchezze mistiche.

In quel periodo c'era una altro posto a Firenze dove ci ritrovavamo in piccole tribù freak, fuori dal centro, nel quartiere del

Salviatino, la mitica piazza Fardella, popolata di personaggi comici e dadaisti, per tanti anni ho passato interi pomeriggi su queste panchine. A volte venivano improvvisate session acustiche con chitarre e percussioni, la weast coast trionfava, si cantavano Bob Dylan e Cat Stevens.

The dark side of the Moon era la nostra colonna sonora quotidiana, quante volte si ascoltava, quante volte si viaggiava con i Pink Floyd.

Sono passato da piazza Fardella di recente, la cosa che mi ha sconvolto sono gli alberi, grandi, enormi. Quando la frequentavo erano esili, piccoli, minuti, poco rassicuranti. Tante persone che ho conosciuto in quel posto poi le ho riviste al Banana Moon, molte altre non le ho riviste più. Chi è partito per l'India, chi per Christiania a Copenhagen, chi abita a New York, chi abita nel Mugello in comunità hippie, chi abita ad Amsterdam, chi ha aperto shop a Ibiza, chi ha chiesto la residenza a Ketama in Marocco. Pazzesco. Siamo sparsi per tutto il mondo, che generazione, quella nostra, eppure rifarei tutto quello che ho fatto e forse ancora di più. Una generazione da barricata, sempre alla ricerca, sempre a sperimentare desideri e bisogni, una generazione ribelle e mai allineata.

Benvenuti Mr. Blues!

I Mr. Blues hanno suonato tante volte al Banana Moon, una band tra rock e sincero blues. Formatisi nel 1975 e composti da validi musicisti come Jerry Gherardi (voce e armonica), Emilio Castro (chitarra), Franco Amuro (basso) e Stefano Oderisi (batteria). Nascono tutti intorno allo Space Electronic di Firenze, luogo mitico per le culture rock, Jerry ha fatto parte degli Zero (risposta italiana a Frank Zappa) e al Vino Rosso Group. Emilio è un chitarrista eccezionale, un Clapton fiorentino. Al Banana Mon suonano tantissime volte, smuovono il pubblico, una bella scossa "blues".

Jerry è un cantante dalla voce "black" e i suoi assoli all'armonica rimangono unici e rari. I Mr. Blues esistono ancora oggi, hanno una storia di oltre trent'anni, fanno concerti e rivisitazioni musicali di grandi artisti internazionali, partecipano a festival e ad appuntamenti rigorosamente blues.

Un gruppo che si è sempre mosso nell'autogestione, si stampano i manifesti, producono la loro musica, fanno promozione dei loro concerti, da anni stanno mettendo in cantiere il loro primo cd.

Quando i Mr. Blues suonano al Banana Moon mi sembra di essere allo Space Electronic agli inizi del 1970, uno Space Electronic più piccolo, più compresso, ma l'atmosfera è sicuramente la stessa.

Paranoid dei Black Sabbath è il pezzo più passato dopo i concerti blues e rock. Spiazza, penetra e sconvolge. Al nostro pubblico piace, si scatena, si rilassa e più che altro si sveglia.

Electric cinema

È la prima volta che il locale fiorentino si trasforma in un cine-club, è la prima volta che presentiamo al nostro pubblico una rassegna di "cinema underground". La rassegna si chiama "Erotika Cinema" (dal 23 al 27 novembre 1977), una panoramica di filmati, documentari che arrivano dal Film Studio di Roma (sala consolidata per una programmazione molto sperimentale). La rassegna comprende tre film francesi di Isabel Mendelhson, *Boxing match*, *La Vie Parisienne* e *I want a girl just like the Roman got married with my father*, che facevano parte di una rassegna sulla cultura omosessuale svoltasi a Roma qualche mese prima. È la prima volta che arrivano in Toscana. In *Boxing Match* si vede un incontro di boxe fra un bianco e un nero, tra il clamore di spettatori a volte urlanti e a volte annoiati, poi piano piano il ring diventa una scena di erotismo tra i due lottatori che finiscono per fare l'amore di fronte a tutti. *La vie Parisienne* radiografa tutti quei posti a Parigi dove si può consumare sesso e trovare riferimenti omosessuali e transgender, una Parigi "viziosa" ma affascinante. *I want a girl just like the Roman got married with my father* è stato realizzato in 16 mm rispetto agli altri in formato super 8, è la storia di una donna che prende un passaggio da un camionista, durante il viaggio succedono scene di sesso ma il rapporto non riesce e tra una cosa e l'altra intervengono dei sogni estremi che coinvolgono la religione, con scene erotiche in chiesa, al cimitero tra suore, preti e novelli maritati, sembra una parodia di certi miti hollywoodiani.

La rassegna ha un successo notevole, tra l'altro oltre alle proiezioni notturne, decidiamo di aprire il Banana Moon anche per delle proiezioni pomeridiane, come un vero cinema. Ricordo che il pubblico pomeridiano era molto "strano", vecchi omosessuali, mariti usciti di nascosto dalla famiglia, giovani manager che avevano scambiato il nostro club per un "sexy movies". La stampa ci seguì attentamente parlando di "cinema alternativo", coraggioso ma interessante, a Firenze era nato un altro club per fare cinema oltre il rodato Kino-Spazio di via del Sole o della "Macchina del Tempo" in Borgo Pinti.

Il Banana Moon ha poi continuato a fare cinema dando molto spazio ai film-makers toscani come la produzione super 8 di Rodolfo Meli, artista fiorentino legato al mondo delle arti visive. Il 25 dicembre 1978 presenta *Orfeo ed Euridice* (cineimmagini), atmosfere classiche colte e raffinate. Presenterà, in un'altra serata, *Rosso bambola morte* (40 minuti, colore), *Il principe dello specchio* (10 minuti, colore) e *L'ombrello e la susina* (10 minuti, colore).

Seguiranno altre retrospettive come la produzione di cinema underground di Andrea Granchi, Silvio Loffredo e Luca Ferro (quest'ultimo assistente di Pio Baldelli presso la cattedra di Storia del Cinema alla Facoltà di Magistero di Firenze). Andrea Granchi presenta la sua produzione di cinema di ricerca (15 febbraio 1978), una serata molto familiare e curiosa, il pubblico apprezza ma vuole anche la musica.

Una delle nostre passioni, non andate mai in porto, era organizzare una retrospettiva dedicata ad Alberto Grifi, in questo periodo il suo film *Anna*, realizzato insieme a Massimo Sarchielli, sta attirando l'attenzione di giornalisti e mass media, al FilmStudio viene proiettato per quattro settimane consecutive, è un successo incredibile. È la storia di una ragazza, trovata in piazza Navona da Sarchielli, sedicenne, drogata ed incinta, fuggita da cento riformatori, sopravvissuta a quindici tentativi di suicidio. Viene fuori un film di 3 ore e 45 minuti, uno spaccato generazionale di quel periodo. Abbiamo tentato di programmarlo al Banana Moon, ma avere una copia di quel film era troppo difficoltoso.

Ci tenevamo molto, e io stavo preparando la mia tesi su Culture Alternative e Cinema Sperimentale.

Il 4 Febbraio 1978, per il cinema di ricerca, approda Silvio Loffredo con i suoi corti underground, molto sperimentali e interessanti, anche un po' impegnativi.

Luca Ferro sceglie di presentare il suo lavoro cinematografico *Fissare il tempo* (10 febbraio 1978) con una performance teatrale, molto convincente.

Il 22 febbraio 1978 Alberto Chiti presenta due super 8: *Parco Lambro '76* (sul festival del proletariato giovanile a Milano organizzato dalla rivista Re Nudo) e *Cuore*.

La Classe Morta di Kantor al Rondò di Bacco

Il 16 gennaio 1978 debutta al Rondò di Bacco il Gruppo Cricot 2 in *La classe morta* di Tadzeus Kantor. Non conoscevo questo gruppo polacco però era da settimane che si parlava molto di questa compagnia di Cracovia, c'era molta attesa nel mondo della ricerca teatrale.

Infatti valeva la pena, è stata una scoperta pazzesca, uno spettacolo che non si può dimenticare, entra nel cuore e nella mente e te lo porti dietro per tutta la vita.

Sul palcoscenico la scenografia rappresenta una classe con dei banchi scolastici neri e consumati, graffiati e corrosi, intorno si muovono e recitano gli attori, a volte non capisci se sono dei manichini o delle forme umane. Rimangono fermi, galvanizzati, pietrificati, poi riprendono a recitare, rigorosamente in polacco, ma questo non scalfisce affatto la grande forza dello spettacolo. Kantor, il regista, si aggira con loro sul palcoscenico, da una parte, ma ogni tanto dà dei consigli o riprende qualche attore duramente.

Firenze e il regista hanno avuto una grande sintonia culturale, dopo questo spettacolo Kantor è tornato con nuove produzioni, sempre amate, seguite ed acclamate.

La figura di Kantor è bellissima, uomo colto e rigoroso, schivo e timido, sempre molto silenzioso e sempre solo. Paragona *La classe morta* a una "seduta drammatica" dove emerge una comicità paradossale, nichilista, inquietante. Fra il 1975 e il 1980, con questo spettacolo acquista una fama mondiale. Verso i primi anni '80 porta a Firenze "*Wielopole Wielopole* (il nome del suo paese natale, in Polonia), in scena nello spazio del Teatro Goldoni, in mezzo alle macerie. Uno spettacolo che affonda in una memoria personale ricca di commozione, di ricordi semplici e diretti, molto privati, quasi egocentrici.

Prima di cominciare a fare teatro Kantor, durante la seconda guerra mondiale, lavorava in una fabbrica dove si costruivano bambole, poi diventa pittore e decoratore. Siamo di fronte ad uno dei più grandi registi e drammaturghi teatrali del Novecento.

Dalla Francia Etron Fou

Gli Etron Fou sono un gruppo francese, stanno facendo un tour per tutta l'Europa e vogliono suonare soltanto in spazi piccoli o club. Al Banana Moon regalano tre concerti imperdibili (1-2-3 Febbraio 1978), li abbiamo visti arrivare con il loro furgoncino "freak-rock" coloratissimo, strumenti e amplificatori insieme a sacchi a pelo, libri, vestiti, una vera rock band.

Sono in tre, una strana formazione, basso, batteria, sax e voci. Siamo molto curiosi. Dal vivo sono elettrici ma molto sofisticati, usano coralità e voci in sintonia: è arrivata la "new wave" made in Francia.

Hanno partecipato a Roma, qualche giorno prima, al concertone di Massenzio, con gli Henry Cow e il Canzoniere Del Lazio. Il loro nuovo album è uscito da poco e si chiama *Etron Fou le lou blanc*.

Per tre sere il Banana Moon sembra il "Marquee" di Londra, io mitizzavo il club di Wardour Street, ci avevo visto dei concerti nell'agosto 1976, su quel piccolo palcoscenico ci suonavano gli Ac/Dc, gli scolaretti dell'hard rock. Già qualche mese prima, sempre al Banana Moon, erano passati The Rank (20-21 ottobre 1977), un gruppo di rock-blues, inglesi, molta improvvisazione.

Il 7 febbraio 1978 il Banana Moon ospita un gruppo punk che arriva da Ravenna, si chiamano Simbiosi: velocità, ritmica ed infarti sonori.

Mi viene in mente un concerto allo Space Electronic ovvero gli Osibisa (22 novembre 1976), un gruppo che proponeva musica africana in chiave funk. Pazzesco, ricordo che rividi quella sera tanti amici che non vedevo da tempo, proprio come stasera qui al Banana Moon. Gli Osibisa incidevano per la mitica etichetta inglese Vertigo. Oggi questi vinili sono una rarità eccezionale.

Molti ci dicono che non vedono la nostra pubblicità, i nostri volantini, la nostra comunicazione "on the road". Dove si trovano le notizie del Banana Moon? Ecco un circuito di spazi dove trovare materiali: la libreria Sole Rosso (via del Sole), il Centro Macrobiotico (via dei Serragli), la Pentola Dell'Oro, il Disco Queen (via Porta

Rossa), Contempo Records (via Verdi), Babilonia Vintage (via dei Pucci), il Rondò di Bacco (piazza Pitti). Tutto molto underground!

I nostri volantini hanno uno stile inconfondibile, un misto di grafica e fumetti, molti sono realizzati, disegnati e pensati da Alfiero Gemmi. I suoi fumetti sono pieni di creature strane, mondi extraterrestri, romanticismi, personaggi lunari, figure magnetiche, dimensioni diverse. Sono stati anche pubblicati su molti numeri della rivista "Linus".

Franco Battiato al Banana Moon

Era molto tempo che aspettavamo l'arrivo di Franco Battiato al Banana Moon. Per noi è un grande onore avere un musicista che stimiamo e che consideriamo un amico, ho visto tanti concerti che lui ha realizzato in molte piazze italiane per il Partito Radicale.

A Firenze, in piazza S. Croce (27 aprile 1975), partecipa ad una manifestazione-concerto antimilitarista con tanti artisti come Claudio Rocchi, Collettivo Victor Jara, Zooglea, Insieme. Al Banana Moon esegue un concerto emozionante, è il 12 febbraio 1978, una fredda domenica invernale. È uscito da poco un suo nuovo album *L'Egitto prima delle sabbie* con due pianisti eccelsi e cioè Antonio Ballista e Bruno Canino. Suoni rarefatti, ipnotici, iterativi, circolari, quasi una sorta di "mantra contemporaneo" che ti arriva, entra in profondità, suoni interiori, epidermici, suoni che arrivano da altri continenti, dal silenzio dei deserti. Il pubblico del Banana Moon è rapito, quasi un "rito magico", un silenzio commovente, intelligente. Il set dura poco più di un ora, applausi e ovazioni, molti vogliono parlare con Battiato.

Spesso mandiamo la musica di Battiato, ci piace molto *Canto Fermo* dall'album *M.elle Le Gladiator*, quando è molto tardi, di notte, un brano epocale, di quasi rinascita, un'alba cristallina, registrato dal vivo nella Cattedrale di Monreale, in Sicilia.

Ad assistere al concerto di Franco Battiato è presente il caro amico Herbert Pagani. Da poco ha finito la sua trionfale tournée con il concerto *Pitture e Megalopolis* (a Firenze è stato rappresentato al Teatro Della Pergola dal 9 al 14 novembre 1976, con un tutto esaurito):

> È uno spettacolo totale che si avvale di tutte le tecniche più avanzate, audiovisivi e quadriphonia, per attaccare la civiltà dei consumi e del benessere obbligatorio. *Pitture e Megalopolis* è la storia di una solitudine che si dilata in milioni di solitudini organizzate dal potere a Megalopolis, mostruosa città, capitale degli Stati Uniti di Europa nel 1999. Futuro? Non proprio, piuttosto un presente esasperato. Ma nonostante tutto l'autore non fa del terrorismo intellettuale; con parole chiare affronta il problema di tutti i fini di

oggi al di là di ogni conformismo (dal comunicato stampa di *Pitture e Megalopolis*, ottobre 1976).

Franco Battiato lo avevo visto in altri concerti, in altre occasioni, ricordo un progetto che realizzò qualche anno prima, si chiamava *Telaio Magnetico* con un gruppo di musicisti eccezionali come Lino "Capra" Vaccina alle percussioni, Juri Camisasca e Terra Di Benedetto alle voci, Mino De Martino, ex Giganti, alla chitarra e Roberto Mazza all'oboe. Lo vedrò anche ad una sua incursione sonora ad un Parco Lambro del 1974, per il festival del proletariato giovanile organizzato dalla rivista "Re Nudo".

A Firenze il 17 e 18 febbraio 1976 Franco Battiato, Paolo Castaldi e Fausta Cianti sono in concerto al Teatrino Faentina, un piccolo spazio nel quartiere "Le Cure", il 9 marzo ci suoneranno gli Aktuala di Walter Maioli (un concerto con diapositive, effetti magici, strumenti tribali, suoni arcaici e profumi mistici). Nello stesso anno al Festival dell'Unità l'8 settembre assisto al concerto di Alvin Curran e Frederick Rzewki, un misto di effetti sonori, pianoforte, basi registrate e voci. Certo ripensando ai festival di oggi, sembra un meraviglioso miraggio. Si sperimentava di più in quel periodo, c'era più coraggio. Oggi è difficile vedere artisti così.

Il 6 ottobre 1976 al Parterre di Firenze, nell'ambito di "Alternativa Socialista", vado a vedermi Alan Sorrenti, nella sua nuova versione, in concerto. Una catastrofe! Sono sempre stato un suo grandissimo sostenitore, l'ho apprezzato per tanti anni, mi ha fatto compagnia nei miei viaggi in oriente. *Aria*, un capolavoro!

Arriva sul palco con due ballerine di colore uscite da un nightclub, gridolini, falsetti, canzoni dancing, il pubblico ha cominciato a fischiarlo, a urlargli di andare via, è stato pesantemente contestato. Nessuno ha mai capito cosa sia successo!

Altro appuntamento con l'elettronica è il duo Saltz and Pepper di Stefano Mazzoni e Francesco Battaglia (che cureranno anche la colonna sonora dello spettacolo *Piccole Infezioni Quotidiane*, che debutterà al Banana Moon). È la notte del 22 marzo 1978, un concerto fatto di atmosfere sintetiche, dolci, molto ritmiche, iterazioni sonore, li trovo eccezionali, si parla di fare un disco, un album, ma tutto rimane in un cassetto. Stanotte, a Firenze, una scossa di terremoto...

Pio Baldelli

Anni '70: mi iscrivo alla Facoltà di Filosofia, frequento le lezioni di Antropologia Culturale del professor Tullio Seppilli, sono contento e soprattutto galvanizzato dai contenuti e dalle lezioni.

Alla Facoltà di Magistero Pio Baldelli insegna Storia del Cinema, le sue lezioni sono sempre affollatissime e per prendere posto bisogna arrivare un po' di tempo prima dell'inizio, infatti la prima volta che mi affaccio nell'Aula Magna penso di aver sbagliato e di essere incappato in una assemblea studentesca, una valanga di pubblico, a sedere, in piedi, per terra. La cosa che mi sconvolge è il silenzio, non vola una mosca, un'attenzione incredula, di stima. Si sente solo la sua voce, nitida, sapiente, tagliente, magnetica, una voce potente, senza bisogno di microfono, una voce che arriva, stimola, arricchisce.

Le lezioni di Pio Baldelli, per me, sono state molto formative, sembrava finissero troppo velocemente. Il cinema come punto di partenza, la sua aderenza al sociale, alla cultura, alla politica, all'intrattenimento, alla comunicazione, all'estetica. Per me e per molti altri della mia generazione, frequentare le lezioni di Baldelli ha rappresentato un passaggio fondamentale dallo studio all'impegno sociale e politico, dopo aver partecipato ai suoi insegnamenti, continuavo e andavo alle manifestazioni, alle occupazioni studentesche, ai primi concerti alternativi, alle prime rassegne su Pier Paolo Pasolini o Andy Warhol, alle performance teatrali del Living Theatre di Julian Beck e Judith Malina, alle prime mostre di artisti visivi, alle prime pratiche del videotape, ai primi viaggi in autostop.

Alle lezioni di Baldelli ho visto per la prima volta Nanni Moretti, arrivato da Roma con il suo primo film *Io sono un autarchico*, qui ho visto lo scrittore Nanni Balestrini con il suo libro *Vogliamo tutto*, qui ho assistito al reading di Sante Notarnicola con le sue "poesie dal carcere", qui ho visto Roberto Faenza con il suo libro *Senza chiedere permesso* sull'uso politico del video-tape, qui ho visto il Bread And Puppet di Peter Schulmann.

Su consiglio di Pio ho frequentato il mitico Kino-Spazio di Firenze dove si svolgevano le prime rassegne off di cinema, oppure il Circolo Est-Ovest dove divoravo retrospettive sperimentali come quelle sulla beat generation e sul cinema underground, restavo interi pomeriggi e intere nottate invernali in queste piccole sale.

Con lui mi sono laureato, una tesi dal titolo *Cultura Alternativa e Cinema Sperimentale. Rapporto tra la produzione cinematografica e il Movimento di Controcultura 1960-70 in Italia*, un'appassionante maratona "intellettuale" fatta di letture, ricerche forsennate, viaggi alla ricerca di materiali, confronti continui con Baldelli. Ci incontravamo spesso in facoltà ma anche nella sua abitazione di via dell'Oriuolo, una casa ricolma di libri dappertutto, nell'ingresso, nel suo studio, nel salone. Le prime volte timoroso della sua vicinanza ma alla fine entusiasta e arricchito, mi sono laureato il 23 Febbraio 1978, con 110 e lode. Stavano esaurendosi quei critici anni '70, in quei giorni le Facoltà di Lettere e di Magistero erano occupate, i muri invasi di graffiti e disegni coloratissimi che resteranno per molti anni, la comunicazione creativa dilagava. Poi un bel giorno i muri sono tornati bianchi, puliti, perfetti, tutti a lezione senza fare tanto rumore e Pio Baldelli, oggi, non c'è più.

Ci ha lasciati nel giugno 2005. Ciao, Pio.

Piccole infezioni quotidiane. Azioni teatrali

Al Banana Moon il teatro di sperimentazione dilaga, da molti mesi sto pensando di mettere in cantiere una performance, ecco lo spettacolo o azione teatrale *Piccole Infezioni Quotidiane. Azione visivo, gestuale, musicale* (25-26 febbraio 1978). La sezione visiva e fotografica è curata da Alessandro Baraldi, i commenti sonori sono di Francesco Battaglia e Stefano Mazzoni, gli interpreti sono Simona Castelli, Paolo Romeo, i testi e la regia sono curati da me. Questo progetto nasce da una serie di momenti personali, sociali e politici che ho vissuto. Dentro le immagini, i suoni, i gesti, le espressioni, le emozioni si rispecchia un momento autobiografico del mio quotidiano. Lo spettacolo è diviso in varie fasi, che ho chiamato "infezioni" e che sono tutti i problemi, le angosce, le gioie, le negatività della vita. Cerco con questo mio primo lavoro di spiazzare e confondere il pubblico. Tutta l'azione punta al carattere emotivo, magnetico e sensitivo più che a un messaggio ideologico o politico. La mia intenzione è di far capire tante cose attraverso le immagini, i suoni, le luci, i colori, gli oggetti, gli sguardi. Le parole sono di secondaria importanza, la musica ha una funzione quasi "terapeutica", ipnotica, è un'elettronica morbida che stimola, il pubblico è toccato, trasportato, sollevato, una partecipazione mentale ma anche fisica.

Ho inserito nella colonna sonora anche alcuni brani "intergalattici-cosmici" di alcuni gruppi tedeschi come Edgar Froese e Manuel Gottsching. I riferimenti teatrali di tutto questo sono il teatro della crudeltà di Antonin Artaud, immagini forti, oniriche, paradossali, fredde, le tematiche vanno dalle nostre infezioni esistenziali al nostro tempo libero, dalle nostre gioie erotiche alle nostre militanze politiche, dai nostri viaggi alle nostre radio.

Nello spettacolo si parla di devianze felici e di inconsci ribelli. Si articola in cinque momenti: la peste metropolitana, la morale, il mercato delle angosce, la politica delle intuizioni e l'area di emergenza (se l'inconscio si ribella?).

Il 26 febbraio decido di fare una pomeridiana, solo ad inviti, per cari amici. Ricordo Angelo Savelli, Herbert Pagani, Sandro

Soldani, Fausto Zaninelli, Giuseppe Atanasio, Clara Manfredi, Elda Santi. Un pomeriggio piovoso, però l'atmosfera è molto rilassante. A metà dello spettacolo una voce fuori campo dice "le mele nascono nelle cassette dei supermercati o sugli alberi? Un dubbio della periferia". L'azione si conclude con la registrazione dell'irruzione della polizia a Radio Alice a Bologna nel marzo 1977 e una registrazione di un'assemblea devastante al festival del proletariato giovanile di Parco Lambro. Brano di chiusura dei Sensations Fix di Franco Falsini.

Pasqua al Banana Moon con Alberto Camerini

Il 25 marzo 1978 è la vigilia di Pasqua, sul palcoscenico del Banana Moon arriva un folletto musicale, ecco Alberto Camerini. Da solo con la sua amatissima chitarra acustica, in un recital di canzoni dolci e metropolitane.

È un personaggio esplosivo, pieno di risorse creative, energia a fior di pelle, anche durante il concerto è comunicativo, le sue storie arrivano forti e chiare.

È pieno di idee, si vede che ha fatto per molti anni teatro, sul palcoscenico ha tutta una sua gestualità ed una mimica che poi sfocerà nelle sue "arlecchinate rock", prima ha frequentato la scuola di mimo Quelli di Grock diretta da Maurizio Nichetti. Diventerà molto conosciuto nei primi anni '80, entrerà nelle hit parade, farà impazzire le giovani generazioni come "Arlecchino elettronico" con brani easy-pop come *Tanz Bambolina* o *Rock'n roll Robot*.

Prima di diventare solista Alberto Camerini ha una storia fitta di collaborazioni con musicisti, gruppi, artisti: la sua prima band si forma al Liceo Beccaria di Milano con Roby Colombo, si chiamano Sound, poi Dreaming Bus Blues Band con un repertorio di blues psichdelico. La sua prima band importante si chiama Il Pacco, con Donatella Bardi, alle voci, Eugenio Finardi, Lucio Fabbri al violino (che passerà dopo nella Premiata Forneria Marconi), Ricky Belloni (poi con i New Trolls), Lucio Bardi (suona oggi con Francesco De Gregori), Pepè Gagliardi, all'organo Hammond, Paolo Donnarumma e Ezio Malgrati alla batteria. Nel 1971 collabora con Claudio Rocchi nell'album *Volo Magico N. 1*, segue un album di Gianni Magni dei Gufi, poi con Ornella Vanoni e con i genovesi Matia Bazaar, e poi ancora in un album dell'Equipe 84 (*Dr. Jekyll e Mr. Hyde*). Suona con gli Stormy Six di Franco Fabbri e Massimo Villa. Nel 1973 e 1974 suona con Fausto Leali e Patty Pravo in tour italiani ed europei. La sua formazione autentica e la sua passione sincera sono espresse frequentando il Centro di Controcultura di "Re Nudo" e con i suoi concerti ai festival del Proletariato Giovanile al Parco Lambro 1975 e 1976 e ancora prima a Ballabio e ad Alpe del Viceré.

Frequenta anche "La Comune" dove incontra gli Area di Demetrio Stratos, Paolo Tofani, Patrizio Fariselli, Giulio Capiozzo e Ares Tavolazzi. Qui al Banana Moon dimostra una grande dote di fermezza, lancia messaggi sinceri e costruttivi, ancora la fase dei "campionamenti" è lontana però si intravedono atmosfere intelligenti. Esegue molti brani dai suoi album incisi per la Cramps come *Gelato Metropolitano* e *Cenerentola e il pane quotidiano*.

Sta per uscire il suo nuovo album, sempre per la Cramps, si chiama *Comici cosmetici*, prodotto da Shel Shapiro, dove si avvertono guizzi elettronici e sonorità punk.

La cosa che mi ha sempre affascinato di Camerini sono i suoi occhi, in scena e nella vita, esplosioni di gioia ed eclletticità creativa. Un'esplosione di idee, progetti, collaborazioni, letture.

Come una meteora passa dal Banana Moon, lo rivedremo qualche anno dopo al festival dell'Unità di Firenze, al Parco Delle Cascine, sempre da solo, rigorosamente con la sua chitarra acustica consumata e vissuta.

Teatro d'autore: Antonio Piovanelli e Paolo De Manincor

Il Banana Moon ha ospitato molti attori importanti, prove, "one man show" di grande impatto, come il *Michelangelo* di Antonio Piovanelli (29 marzo 1978), un monologo che impressionò l'esiguo pubblico presente. Era molto tempo che Piovanelli voleva confrontarsi con gli scritti di Buonarroti (*Lettere* e *Rime*), un personaggio cardine del Rinascimento e soprattutto andare alla ricerca della sua umanità e genialità, tirare fuori tutti quegli aspetti più privati come i rapporti con la famiglia, le convenzioni e la mediocrità dei suoi contemporanei. Piovanelli è un attore con una forza straordinaria, la sua recitazione è "fisica", bestiale, animalesca accanto ovviamente alla poetica.

Continuerà ad esplorare la poesia latina ed italiana, porterà in teatro Virgilio, Dante, Leopardi, Pasolini e Catullo. Lo rivedrò molti anni dopo al Teatro Niccolini di Firenze in una sua magica interpretazione di Pasolini.

Paolo De Manincor - un attore che arriva dalla scuola romana, si è laureato in architettura a Firenze ma è nato a Trento - presenta il suo *Sesso forse un rito* (1 aprile 1978). Oltre che in teatro lavora anche nel cinema, ce ne hanno parlato diverse persone e compagnie teatrali dell'off-romano e noi lo ospitiamo volentieri. Il suo "man-show" è molto prestigioso, un monologo ferrato, denso di pathos e soprattutto con un ritmo incalzante, che ripropone la tecnica dello spogliarello non in senso erotico, ma di una confessione pubblica. Paolo De Manincor tornerà al Banana Moon con *Il Teatro di Babele* di Giancarlo Pavanello (8-9 dicembre 1978).

Altro appuntamento di teatro è quello di Marilù Prati in *Bumbulè* (11-12 maggio 1978), un monologo molto in sintonia coi tempi. La Prati ha lavorato con Eduardo De Filippo, Carlo Cecchi e Mario Ricci, in questo pezzo di teatro racconta la sua condizione di donna meridionale e la scelta di diventare attrice.

Tutte le informazioni sulle iniziative del Banana Moon si potevano ascoltare su Controradio tutti i mercoledì dalle 10 e 30 alle 12, in una trasmissione che conducevo con scalette musicali bizzarre e devastanti, con molta disco music in una radio molto rock.

La Romanina

Ogni tanto capita da noi la "Romanina", ovvero Romina Cecconi, uno di quei personaggi della notte fiorentina. Arriva ed entra, sempre in gran tiro con i suoi look forti e dirompenti, un fantastico show, parla, si ferma per un po' e poi riparte per le sue scorribande metropolitane fino all'alba.

> Sono stata in carcere quattro volte, definita dai giornali un "losco individuo", scacciata dal collegio, obbligata a non uscire di casa dopo le nove di sera, privata dei diritti civili, della patente di guida, della possibilità di trovare un lavoro o di aprire un negozio, di fare qualsiasi attività che non fosse la prostituzione. Ho fatto lunghi mesi di soggiorno obbligato nella campagne di Foggia, sono stata ricattata, offesa, processata. Tutto questo perché ho sempre sostenuto con forza, con rabbia quando ce n'era bisogno, che non avrei smesso di vestirmi da donna, di sentirmi donna, di essere donna (Romina Cecconi *Io, la Romanina. Perché sono diventato donna*, Vallecchi Editore, 1976).

Il Banana Moon ha sempre appoggiato, sostenuto, ospitato, voluto un pubblico diverso. A noi Romina è sempre piaciuta, ci portava una ventata di follia intelligente, ci raccontava tutte le sue storie, belle e brutte, sempre in grande forma.

> C'è un locale a Firenze, in piazza Signoria, dove si ritrovano la sera omosessuali e lesbiche. Arrivano dalle province vicine, dalle regioni vicine, e perfino dalla Costa Azzurra, dalla Spagna. Ci sono uomini famosi e donne della migliore nobiltà. Gli uomini ballano fra loro, si tengono per mano nella penombra, si baciano. Un caldo soffocante, un'atmosfera tristissima che raccoglie tutti coloro che non trovano la forza di uscire allo scoperto. Bevono, fumano, scappano quando vengano avvertiti, un quarto d'ora prima, che la polizia sta arrivando. Gli uomini sono vestiti da uomini e profumano come le donne. Le donne sono vestite in giacca e pantaloni,

fumano il sigaro, bevono solo liquori fortissimi, parlano con voce possente. Qualche volta ci capito e appena entro si sparge la voce: “È arrivata Romina”. Smettono di ballare, mi circondano, mi applaudono. Sono considerata una vedette, una regina, una stella. Le donne vorrebbero venire con me, gli uomini vorrebbero diventare come me. E allora gioco a fare la grande attrice, la diva, la donna arrivata (Romina Cecconi *Io, la Romanina. Perché sono diventato donna*, Vallecchi Editore, 1976).

Anni di Tabasco: storia di un gay club

Firenze, anni ’70: una città piena di risorse culturali, molto teatro off, al Rondò di Bacco debutta la Compagnia Il Carrozzone che poi diventerà Magazzini Criminali, tanti concerti internazionali, molto jazz, tanto turismo gay, pochi i ritrovi per gay e lesbiche. Il Bar Santa Trinità è l’unico posto di ritrovo, sobrio, soft, molto frequentato la notte; anche Porta Santa Maria e tutte le stradine intorno a Ponte Vecchio sono luoghi di incontro notturni ma anche diurni, poi ci sono tanti cinema “a luci rosse” dove rimorchiare e consumare sesso. In città c’è anche tanta arte contemporanea, artisti e gallerie in fermento, ecco Skema, in via della Vigna Nuova, da dove sono passati personaggi, critici, artisti, performance, installazioni multimediali. In questa città esiste un grande “ritmo culturale”. 17 Settembre 1974, apre il Tabasco, la prima discoteca gay a Firenze e in Italia.

> Quando Marcello e Mara Salvietti inaugurano il Tabasco, il tam-tam raggiunge gli angoli più remoti della penisola. Si favoleggia di incontri proibiti, di serate shock, di baldorie tartaree e il nome fa presto a sfondare le porte della mitologia. La fama, come sempre, deforma la realtà e la ricrea. Resta il fatto che per la prima volta, in Italia, un ritrovo punta in modo stabile ed esplicito sulla clientela gay. A frequentare questo sotterraneo di 160 metri quadrati, ricavato dalla cripta della chiesa di Santa Cecilia (la stessa dove Dante cadde fulminato d’amore per la sua Beatrice), non sono solo gli omosessuali di Firenze e provincia. Ci trovi i romani più informati, i milanesi più irrequieti, i torinesi più riservati, i siciliani più aggressivi, le serate a piazza Santa Cecilia sono anche attizzate da gagliardi americanoni e da nerboruti alemanni che si scatenano fino all’alba (Daniele Scalise, *Cose dell’altro mondo. Viaggio nell’Italia gay*, Zelig Editore).

Il Tabasco, nel periodo dei Settanta, è un luogo mitico, ci si sposta da tutte le città d’Italia per passare uno week-end nel club fiorentino, durante la settimana si svolgono mostre d’artisti ed esposizioni di scultura e di fotografia, il sabato diventa il palcoscenico della “febbre del sabato sera”, stipato ed affollatissimo, trionfa il sound “disco”: dai Fratelli La Bionda a Sylvester, da Gloria Gaynor ai Bee Gees, dai Village People a Donna Summer, dalle Ritchie Family ai Tavares, da Diana Ross a Kool and the Gang, si balla e si suda fino alle prime luci dell’alba. A volte vengono rappresentati spettacoli teatrali, performance “en travesti”. La fine del decennio è l’esplosione del ballo, tutti a ballare, stanno finendo “i critici e cupi anni ’70” e stanno iniziando i “colorati e leggerissimi anni ’80”. Si mette da parte l’eskimo e si tirano fuori le scarpe da ginnastica, si respira aria nuova, finalmente un posto dove “tutto è permesso”, la gente entra al Tabasco e si rilassa, lascia tutte le nevrosi nella piazzetta circostante. Diventa una “leggenda metropolitana”, andare a passarci il sabato sera diventa “un’avventura”, passare il filtro dell’ingresso (sempre molto severo, rigoroso ed eccitante), scendere le scale (diventeranno una passerella cinematografica), entrare nel locale, assaporare il sound e l’atmosfera. Ogni tanto il ritmo della disco si ferma e partono tappeti musicali di Mina, Patty Pravo, Ornella Vanoni, si ballano anche i lenti, finalmente tra uomini. Con gli anni ’80 cambiano i suoni, arriva l’elettronica, arriva la prima “dark room” in Italia.

> La dark room è ciò che il nome promette: una stanza buia. C’è chi fuma e bisbiglia, i dopobarba Armani, Old Spice e D/G si sommano all’afrore della pelle ed è presto un viavai di strusciamenti, di abbracci, di morsi, di carezze che partono da chissà dove per arrivare chissà dove. Tutti amano tutti, tutti sono invitati al banchetto cieco. Non importa se sei basso, se hai spalle a pioggia, se sei calvo, nasone o con le orecchie a sventola, occhiceruleo o miope, se fuori hai la Ferrari o un motorino che cola ruggine. Non conta se sei un adone, se hai capelli fluenti, una camicia di seta, denti guasti o smaglianti. Qui dentro non si vede nulla e si può toccare tutto (Daniele Scalise, *Cose dell’altro mondo. Viaggio nell’Italia gay*, Zelig Editore).

Nel 1976 la gestione organizzativa ed artistica passa in mano a Marco Bagnai che tuttora dirige il gay club fiorentino, sono anni esplosivi, non esiste concorrenza, nell'aria si avverte grande energia, il pubblico si diverte da matti. È un passaparola pazzesco.

Gli anni '80 del Tabasco sono la consacrazione del club, lunghe file per entrare, a volte non riesci neanche, dentro si potevano trovare tutte quelle tipologie umane, un "bestiario del look", giovani, maturi, fashion victims, stilisti, intellettuali, leather, new dandy, una girandola in technicolor.

I dee jay diventano delle star, sono gli anni degli Wham, degli slogan politici dei Bronski Beat di Jimmy Sommerville, degli Human League, di Frankie Goes to Hollywood con Holly Johnson.

Il divertimento è assicurato, muri di suoni a volume altissimo, si balla fino ad esaurimento, si esce dal Tabasco sudati e ti trovi di fronte il Rinascimento fiorentino che ti augura il buongiorno con le paste calde del fornaio di via dei Neri.

Il Tabasco accoglie tanti eventi, dalle serate firmate "T. O. K. Y. O." capitanate da Stefano Bonamici, happenings che iniziavano a notte fonda e finivano al mattino con scalette musicali che andavano dalla Nuova Compagnia di Canto Popolare a Nina Simone, dagli spot pubblicitari alle canzoncine dello Zecchino d'Oro, si ballava di tutto, il pubblico si divertiva, si scatenava. Molto spesso erano organizzate in concomitanza di manifestazioni di moda come Pitti Trend o Pitti Uomo. Tanti personaggi come Franco Biagini, Anna Maria Calosi, Samuele Mazza, Sandro Pestelli, i Krisma, Marina Suma, Eleonora Botticelli, Luca Ghibaudo.

Gli anni '90 sono anni difficili, anni cupi, siamo in un periodo post-aids, il pubblico comincia a fare scelte diverse, si esce molto meno, la notte viene consumata in altre cose, si riscopre lo stare in casa, ma questo dura qualche anno, poi si riparte alla grande.

Da questo club sono passate tante persone, impossibile citarle tutte, però ricordiamo Mark Almond, Amanda Lear, Don Lurio, Pier Vittorio Tondelli, il mitico Sylvester, quello di *You make me feel*, tutta la moda italiana al completo, una "fauna d'arte" bella e intelligente. Penso che la storia del Tabasco potrebbe essere materiale interessante per un film: tante avventure, tanti sorrisi, tante persone che lo hanno vissuto e lo vivono ancora tuttora, questo locale conosciuto in tutto il mondo.

Il rock degli Wind Open

Da Bologna i giovanotti del rock, ecco gli Wind Open capitanati da Roberto Terzani, due concerti (15-16 aprile 1978), una vera rock'n roll band, il Banana Moon assume l'aria di un club berlinese. Roberto Terzani, chitarrista, racconta:

> I Wind Open sono stati la mia band. Eravamo tutti amici dai tempi delle scuole medie. Malati di musica e di rock 'n roll come pochi, abbiamo suonato insieme per dieci anni. Tanta cantina (Bologna via S. Vitale 13, il gorillaio, come la chiamavamo) e tanti concerti ovunque. Non è facile per me raccontare in due parole quel periodo di entusiasmi e sacrifici. Anche perché Bologna in quegli anni era "posseduta" da un movimento giovanile fantastico. Allora più di oggi era difficile fare dischi, ma tutta la stampa nazionale si interessava a ciò che succedeva a Bologna. A testimonianza di tutto ciò sono stati pubblicati numerosi libri e anche un film nel 2002 (*Paz!*) nella cui colonna sonora c'è una cover di una canzone dei Wind Open (*Sei in banana dura*) suonata da un gruppo dei giorni nostri (gli Shandon). Incredibile che dopo venticinque anni se ne parli ancora, visto e considerato che all'epoca facevamo praticamente la fame. Il movimento bolognese ebbe il suo culmine nell'aprile 1979 con il concerto di "Bologna Rock" con Skiantos, Wind Open, Luti Chroma, GazNevada e tanti altri, al Palasport di Bologna dove riunimmo più di seimila spettatori. Un vero miracolo. E il singolo *Sei in banana dura* vendette più di cinquemila copie!

In effetti il "Bologna Rock" (2 aprile 1979) è stato un evento straordinario, tutta la produzione indipendente della scena musicale in un Palasport gremito, stracolmo, con band come Bieki, Naphta, Consusional, Andy Forest, Frigos, Cheaters e tanti altri. Questa onda arrivò anche al Banana Moon, di questo evento se ne parlò per diversi mesi. Vedevamo Bologna molto avanti, troppo avanti!

Roberto Terzani oggi vive e lavora a Firenze, per tanti anni ha militato nei Litfiba. Leggiamo sui giornali inglesi del concerto "Rock Against Racism" (30 aprile 1978) con la partecipazione di gruppi come Tom Robinson Band, Clash, X-Ray Spex a Londra. Ci sarebbe piaciuto farlo anche noi qui a Firenze, organizzato dal Banana Moon insieme ai collettivi di controcultura.

Poesia, teatro e ricerca

Al Banana Moon si susseguono con un ritmo vertiginoso rassegne dedicate al teatro di ricerca e alla performance contaminata. Parte questa rassegna, si chiama "Vari/azioni" (in collaborazione con la Libreria Sole Rosso di Firenze), una serie di appuntamenti con artisti, attori, registi che dura una settimana. Il primo appuntamento è con Romano Rocchi in *Ta-Rocchi* (Diavolo Performance, 30 novembre 1978), il mimo romano si confronta con le sue "azioni", fatte di magia e suggestione. Segue il reading di poesia di Mariella Bettarini in *Fuori dalle Gabbie* (1 dicembre 1978), è una poetessa e scrittrice fiorentina, nel 1973 ha fondato e da allora diretto il quadrimestrale "Salvo Imprevisti" che poi negli anni '90 diventerà "L'Area di Broca", semestrale di letteratura e conoscenza. Si occupa di critica letteraria e di rapporti tra cultura e società. Il suo intervento poetico è appassionante, sicura di sé e delle sue poetiche, applausi da parte di un pubblico molto "rock".

Domenica 3 dicembre 1978 tocca ad Angelo Savelli in *Stella Cometa*, un omaggio alle culture popolari con Ivan De Paola. Riprendiamo dal comunicato stampa:

> Stella Cometa è un approccio ellittico ed oscuro con la tradizione popolare. Periferia di un ben più vasto lavoro di acquisizione e riappropriazione di una grammatica espressiva condensata in quel sistema di segni denominato "cultura popolare", questa postilla teatrale misura i limiti quasi claustrofobici di una tentazione alle tenebre e al gelo del gesto, di quell'oggetto oscuro, inquieto ed inquietante che si agita al razionale apprendimento del "popolare". Dice Angelo Savelli "La rappresentazione gira intorno ad un testo classico che ha come suo centro l'idea del Natale e della famiglia. Questo happening natalizio, questa irripetibile celebrazione, questo rischio calcolato, nasce essenzialmente dall'affetto per la persona che lo ha richiesto ed alla quale è dedicato con gli auguri di buon Natale.

Lunedì 4 dicembre 1978 è la volta di "Ac/cessi (Radiografie e immagini vietate. Elettro-performance)" curata dal sottoscritto con Alessandra Dell'Orsola, Michele Grana e gli audiovisivi di Luigi Marzano. Una scenografia metropolitana fatta di tubi di plastica, luci stroboscopiche, effetti audio, colonna sonora tra la new wave ed il punk elettronico. Gli attori ridotti ad automi o manichini, una critica feroce al consumismo e alle tecnologie invadenti. Non esistono parole o testi, trionfa la gestualità totale, è una sorta di laboratorio dove l'angoscia prevale al desiderio. Gli attori hanno il volto coperto da passamontagna, gli attori si muovono come dei manichini.

Il 7 dicembre è la volta di Mario Righi in *Horror Gay Show Performance*, un delirio gay-camp, una sfilata di personaggi "fuori la norma" con tante musiche, applausi scroscianti.

Chiude la rassegna, unica nel suo genere, Paolo De Manincor con *Il Teatro di Babele*. Nella rassegna ha partecipato anche Dominot con il suo *Dominot Naked*, un recital sulle canzoni di Edith Piaf, Bob Dylan e se stesso (4-5 novembre 1978). Dominot è spesso da noi, i suoi recital, i suoi spettacoli ci appassionano ed il pubblico lo invoca e applaude calorosamente.

Dopo questa rassegna il Banana Moon fino al 18 dicembre si trasforma in un dorato gay-kitsch bar con Romano Rocchi (mimo), Antonello Neri (tastiere), Maurizio Musi (chitarra) e la Compagnia Della Giostra con Maurizio Panici (mimo), Vincenzo Moretti (mimo e sax), Renato Aprea (trombe siciliane) e il delirante Collettivo del Banana Moon. Un esperimento di animazione totale che divide il pubblico, a chi piace, a chi vuole il Banana Moon solo rock. It's only rock and roll!

LE DELIRANTI RASSEGNE DI CINEMA

Dal 26 al 30 aprile 1978 al Banana Moon si svolge la rassegna di cartoni animati anni 1930-40, una retrospettiva della Warner Bros come la serie "Merrie Melodies" con *Flip the frog*, *Betty Boop* e poi la Walt Disney (1931-1950) con la serie di "Topolino" e "Pippo e Pluto". Le proiezioni iniziavano alle 17 e 30 del pomeriggio, poi alle 21 e 30 ed infine in notturna alle 23 e 30. La cosa simpatica è che tra una proiezione e l'altra si ascoltava musica rock, in quel periodo mandavamo a getto continuo Bruce Springsteen e Kraftwerk, *The Man Machine*. Il pubblico omaggia con simpatia il sex-appeal di Betty Boop, personaggio creato dai fratelli Fleischer, imitava ironicamente le dive del cinema hollywoodiano mettendo in crisi i miti convenzionali. Tutto il materiale proviene dalla Cineteca Griffith di Genova, è la prima volta che arriva a Firenze. Rock e fumetti andavano d'accordo, dentro il Banana Moon.

Rock and Roll Circus (2-3-4 giugno 1978) è un cortometraggio inglese realizzato nel 1975 e racchiude alcuni dei gruppi più conosciuti della scena rock come i Jethro Tull di Ian Anderson, i tedeschi Tangerine Dream, gli Uriah Heep, inventori del "heavy dark sound", e ancora i Kiss, poi i Santana con il loro "latin rock" e ancora i Rolling Stones fino alle esperienze soliste di John Lennon e Ringo Starr, componenti dei "mitici" Beatles. Ecco, questo documentario rock ha un suo pubblico di appassionati, la band di Mick Jagger è quella che ha più successo e più ovazioni tra i presenti al Banana Moon. Passiamo in continuazione il nuovo album dei Rolling Stones *Some Girls* e *Miss You* è il brano più gettonato nelle ultime settimane prima della chiusura estiva.

L'8-9-10 giugno 1978 al Banana Moon atterra la rassegna cinematografica dedicata a "Mary Pickford" (1910-1926), si proiettano i cortometraggi di David W. Griffith e Thomas Ince.

Conosciuta come "Little Mary" o "Riccioli d'oro" o "La Fidanzata d'America", Mary Pickford fece epoca tra gli anni Dieci e Venti quando il cinema era muto. L'eterna ragazzina, la donna-bambino, spontanea, sincera, ingenua, diventò una diva in poco tempo e il pubblico americano la portò alla ribalta. Uno dei film più famosi è *Sparrows*, la storia di un'orfanella maggiore che protegge i piccoli orfani da un contadino malefico e dall'aspetto satanico.

Il pubblico del Banana Moon non capisce questa scelta cosi radicale di proiettare questi medio o lungometraggi, infatti non avrà un grande successo di pubblico.

Dal 9 al 12 novembre 1978 si svolge la rassegna "Gli Indiani nel cinema americano dal 1898 al 1915" con i materiali preziosi della Cineteca Griffith. Alcuni sono documentari e illustrano le danze indiane, le scuole indiane fino alle parate del circo di Buffalo Bill. Le pellicole hanno una durata di circa quattro ore e vengono proiettate a gruppi, la domenica pomeriggio alle 17.

Il Banana Moon si è sempre diviso tra rock club e cinema off, abbiamo proiettato film come *Viale del Tramonto* (11 gennaio 1978) a *Il Re del Jazz* (13 gennaio 1978), da *Un uomo e una donna* di Claude Lelouch (5 maggio 1978) a *I tulipani di Harlem* (13 maggio 1977), da *Sussurri e Grida* (18 maggio 1977) a *Morte a Venezia* (20 maggio 1977), da *Butch Cassidy* (22 giugno 1977) a *Non stuzzicate la zanzara* con Rita Pavone e il concerto beat dei Tigers dopo il film, un gruppo che aveva partecipato al Cantagiro del 1969 (28 dicembre 1977).

Altra rassegna è quella dedicata ai "muscoli di cartone" e cioè tutti quei film epici girati in Italia come *La Vendetta di Ercole* (8 giugno 1977), *Ursus nella terra del fuoco* (9 giugno 1977) e *Maciste contro lo sceicco* (10 giugno 1977). L'atmosfera è veramente surrealista!

A Firenze, in quel periodo, si andava spesso all'Universale, sala cinematografica nel quartiere del Pignone in San Frediano, davano film interessanti e il biglietto costava poco ma la cosa più bella era il pubblico con i propri commenti a voce alta.

C'era un cinema. Si chiamava Universale. E se non l'hai visto, non puoi capire. Si vedevano film, sì. Ma come attraverso un velo, una cortina grigiastra. Una cortina di fumo: di sigaretta, e non soltanto. Le immagini dello schermo ti arrivavano attutite, riflessi di un sogno lontano. Ma quello che perdevi in immagine, lo guadagnavi in vita, in brusio, in esplosioni di adrenalina. Perché i film, all'Universale di via Pisana, era come se nascessero lì, per la prima volta. Apparivano le immagini e il pubblico urlava come allo stadio. All'Universale il cinema suscitava fenomeni di tifo. Ed era come se il pubblico reinventasse la storia del cinema, applaudendo e fischiando, uccidendo certi film e portandone altri al trionfo ("I film prendevano vita in quella sala del Pignone" di Giovanni Bogani, La Nazione, 15 aprile 2007).

Kollettivo Teatrale Trousses Merletti Cappuccini & Cappelliere

Il 29 e 30 dicembre 1978 il Banana Moon ospita uno degli spettacoli di teatro più incisivi della scena gay italiana. Nel 1976 un gruppo di amici fondano i C. O. P. (Collettivi Omosessuali Padani) e subito iniziano a produrre performance. Sono formati da Silvio Malacarne, Attimo Azzoni, Guglielmo Aschieri, Fabio Saccani, Mario Zanardi e Giuseppe Bovo. Cominciano a condurre una trasmissione a Radio Popolare (gestita dal Movimento Studentesco di Parma), interventi ironici, provocazioni, poetiche. La radio chiude per un periodo, alla riapertura vengono esclusi dal palinsesto radiofonico.

Il 3 aprile 1977 si trasformano in Kollettivo Teatrale Trousses Merletti Cappuccini & Cappelliere e debuttano in teatro con il loro primo spettacolo *Pissi Pissi Bao Bao*, a metà tra cabaret politico e performance ironica e trasgressiva. Al Banana Moon portano questo, la loro audacia piace e convince.

Rigorosamente tutti sono "en travesti", il Kollettivo è aperto, entrano ed escono nuovi personaggi ed attori, una comune teatrale che attacca gli usi e i costumi della società italiana.

Gli spettacoli del Kollettivo di Parma sono intrisi di umorismo grottesco orientato verso il camp con costumi firmati e di alta sartoria, ma sempre con messaggi politici forti e chiari.

Il Kollettivo gira e partecipa a numerose rassegne in tutta Italia, organizzano piccoli festival coinvolgendo tutti i nomi della scena teatrale gay come Mario Mieli, Ivan Cattaneo, Alfredo Cohen, Erio Masina e Ciro Cascina. Tentano di mettere in piedi una *Salomè* di Oscar Wilde in musical ma il progetto non va in porto per mancanza di finanziamenti. In ogni caso riescono a completare lo spettacolo *Sentiere Selvagge in Panavision.*

Nel 1979 il Kollettivo si trasforma in Le Pumitrozzole, in cui entrerà Mauro Corazzi di Parma che con l'andar del tempo si trasformerà nel manager del gruppo, fino al 1986, anno del loro scioglimento. Corazzi continuerà come Platinette in televisione e radio.

Ci avviciniamo alla fine dell'anno, si respira aria di cambiamenti, il Banana Moon manda in continuazione *Da Ya think I'm sexy* di Rod Stewart e il pubblico comincia a ballare, si trasforma in uno vero rock gay club. Si avverte aria di cambiamenti, i compagni della sinistra extraparlamentare cominciano ad avere posizioni più morbide, cominciano ad essere meno rigidi, c'è in giro una grande apertura al nuovo. Meno rigore e più vissuto. *Stage*, il doppio album di David Bowie dal vivo, è passato continuamente, ci elettrizza, ci rende molto "action".

In questo periodo c'è anche una mia passione maniacale (non approvata in pieno dallo staff del locale) ovvero la disco music, nelle scalette notturne al Banana Moon passavo molti artisti, dai Bee Gees della *Febbre del Sabato Sera* alle Ritchie Family, dai Voyage ai Kongas, da Donna Summer a Sylvester, il pubblico si divideva, a chi piaceva e ballava, a chi fischiava e protestava. Io mischiavo tutto: rock, punk, disco, blues, jazz e west-coast. Mi ricordo che qualcuno, penso un giovane straniero di passaggio a Firenze, mi chiese se si poteva ascoltare Juliette Greco: purtroppo non l'avevamo!

A volte, molto tardi, si passava anche *Pensiero stupendo* di Patty Pravo, e subito dopo una *Satisfaction* dei Rolling Stones.

Largo agli Skiantos

Gli Skiantos sono bolognesi, sono gli inventori del rock demenziale, tre concerti al Banana Moon, tre serate indimenticabili, tre nottate elettriche, è la prima volta che vengono a Firenze (17-18-19 marzo 1979). La prima formazione vede Freak Antoni (voce), Andrea "Jimmy Bellafronte" Setti (voce), Bubba Loris e Comellini Mario e dal 1977 arrivano Fabio "Dandy Bestia" Testoni (chitarra), Andrea "Andy Bellombrosa" Dalla Valle (chitarra), Franco "Frankie Grossolani" Villani (basso), Leonardo "Leo Tormento Pestoduro" Grezzi (batteria). È la "Bologna Rock" in grande fermento, aprono club come il Punkreas, dove passano tutte le band cittadine che poi traslocheranno in massa al Banana Moon. Rompono tutti quegli schemi tradizionali che avevano caratterizzato questo decennio legato ai cantautori, arrivano loro ed è la rivoluzione, hanno un rapporto con il pubblico fantastico, giocano, parlano, coinvolgono, urlano, lanciano dal palco verdura sul pubblico ed il pubblico risponde tirandola a loro e si divertono, tanto. Il Banana Moon, dopo ogni concerto, sembrava un mercato ortofrutticolo, perché come dicono loro "la verdura è una forma di kultura!". Il loro slogan è "Skiantos, l'unico gruppo che è partito dalle cantine per arrivare alle fogne!". Il loro primo disco è *Inascoltabile* (1977, uscito per l'etichetta Harpo's Bazaar, poi Italian Records), quattordici brani sperimentali, nel novembre 1978 esce *Monotono* per la Cramps Records. Al Banana Moon vengono passati in continuazione brani come *Largo all'avanguardia*, *Eptadone* (un riempipista eccellente), ma anche *Pesto duro*, che ovviamente diventano linguaggi quotidiani.

> Un ruolo fondamentale per la mia formazione è stato il Dams, la benzina sul fuoco dei miei sogni. Il Dams è stato il luogo dove mi sono confrontato con i miei tabù: la cultura con la C maiuscola e ho capito, grazie agli insegnanti, primo fra tutti Gianni Celati, che cultura significa anche approfondire, per esempio, la poetica dei Beatles. Il Dams ha sviluppato tutte le mie immaginazioni e ha reso possibili gli

Skiantos che sono diventati inevitabili (Roberto "Freak" Antoni da *1977-1982. Non Disperdetevi* a cura di Andrea Tinti e Oderso Rubini, Arcanapop Edizioni).

Rivedrò gli Skiantos nei primi anni '80 in un concerto affollatissimo presso il Teatro Tenda di Firenze, ma l'atmosfera è molto cambiata, i tempi del Banana Moon sono sicuramente esauriti.

Primitiva elettronica: ecco i Neon

Stefano Fuochi e Marcello Michelotti sono gli inventori dei Neon, gruppo storico della new wave elettronica fiorentina, i loro primi passi, i loro primi set, le loro prime performance sonore nascono su questo piccolo palcoscenico di legno consumato e vissuto.

Stefano Fuochi, architetto, sempre impeccabile nella sua immagine, uomo elegantissimo e raffinato, grande cultore di quella elettronica tedesca che va dai Kraftwerk ai Neu, ma anche sostenitore dei Grand Funk Railroad o Roxy Music di Brian Eno. Fuochi suona e studia sintetizzatori, tastiere e si occupa del contenitore visivo dei Neon. Marcello Michelotti, conoscitore ed esperto di musiche elettroniche ma anche di after punk e contaminazioni con le culture rock, ha tantissimi dischi, molti introvabili, ascolta molto punk. Adora i Krisma di Maurizio Arcieri e Cristina Moser ma anche Can, Faust, Tangerine Dream. Si occupa di tastiere, drum machine, VCS3 e vari sintetizzatori.

La loro prima uscita al Banana è molto sperimentale, sul volantino si legge "Concerto di Musica Primitiva Urbana" (30 maggio 1979) con Marcello Michelotti e Stefano Gasparinetti Fuochi, un muro di suoni elettronici, un concerto dalla ritmica lontana e molta ricerca. Già ci sono state uscite di loro due in altri spazi fiorentini come gallerie d'arte, hanno molta sintonia tra di loro: Michelotti più duro, più caustico, Fuochi più cosmico e più "chirurgico".

Il loro concerto ufficiale come Neon arriva all'interno della rassegna Controrock, sono due concerti serali (30 novembre e 1 dicembre 1979), si comincia a capire quale strada vogliono percorrere, in scaletta compaiono pezzi storici che finiranno qualche anno dopo su vinili introvabili come *Informations of Death*, uscito per l'etichetta Urgen Label e distribuito dalla Materiali Sonori. Per questo concerto sono impiegati due diaproiettori che bombardano diapositive, immagini strane, circuiti elettronici, periferie urbane, atomi ingigantiti, formule chimiche, skyline metropolitani, equazioni matematiche, vulcani in eruzione, raffiche veloci di immagini che spiazzano il pubblico.

Qualche tempo dopo comprai presso Contempo Records a Firenze un album di un duo tedesco, si chiamavano D.A.F., elettronica cardiopatica, pulsante, basi elettroniche e ritmica, voci rigorosamente in tedesco, ecco, mi ricordavano un po' i Neon prima maniera. Tra l'altro presso Contempo, dove compravo i dischi per me e per il Banana Moon, incontravo spesso Marcello Michelotti e ci scambiavamo consigli chilometrici su cosa ascoltare, comprare, consumare o cambiare, qui arrivava tanto materiale indipendente inglese e americano, qui ho comprato i primi dischi dei Joy Division, Cabaret Voltaire, Chrome, Trobbing Gristle.

Per alcuni versi le prime uscite dei Neon mi ricordavano alcune esperienze elettroniche dei Trobbing Gristle, a Michelotti piacevano molto le atmosfere cupe ed oscure, quella elettronica un po' decadente. I Neon sono diventati, dopo qualche anno, un grande gruppo, uno dei prodotti italiani più internazionali, suoni compatti, ritmiche perfette, una grande macchina sonora. L'album *Tapes of darkness*, uscito per l'etichetta bolognese Italian Records, apre la strada alla new wave elettronica made in Italy. Registrato nel novembre 1981 presso gli studi Harpo's Bazar di Bologna è uno dei lavori più autentici, dentro si ritrova l'anima dei Neon che esploderà con *Rituals* nel 1985.

Stratos performance

Il 4 luglio 1979, il Banana Moon decide di fare un'apertura estiva, siamo tutti reduci da un periodo un po' complicato, a Firenze fa molto caldo, apriamo con un sincero omaggio a Demetrio Stratos.

Decido di mettere in piedi in pochi giorni questo ricordo, un segnale per un grande musicista, sul palcoscenico del Banana Moon nasce *Stratos performance*. Due brani degli Area, alcune diapositive di Stratos (immagini dal suo quotidiano) e io su uno sgabello di legno che mangio una mela "la mela di Odessa", tratto dall'album *Areazione* (1975). Grande Demetrio, scomparso alla metà di giugno 1979, ricordato con un grande concerto a Milano, all'Arena Civica, alla quale partecipano tantissimi artisti come Francesco Guccini, Banco Del Mutuo Soccorso, Antonello Venditti, Skiantos, Angelo Branduardi e tanti altri.

Anche Firenze vuole ricordarti, vuole ricordare i tuoi concerti in questa città, gli Area erano amati, stimati e seguiti da molto pubblico.

Sicuramente il concerto che mi ha sconvolto di più è quello del Parco Lambro (30 maggio 1975), grande, mitico, una provocazione di grande intelligenza, tutti i concerti degli Area sono sempre stati caratterizzati da trovate sonore incredibili. Il piccolo ricordo si chiude con *Cometa Rossa* sparata a tutto volume, ritmiche intrecciate, atmosfere mediterranee, testo in greco. Il pubblico del Banana Moon applaude con calore resistente, ci sono tanti amici che arrivano dal mondo del teatro, quello off, quello militante, quello di rottura. Stratos diceva "per un mondo mancino...", un piccolissimo ricordo tra torce elettriche, luci rosse e sgabelli fracassati. Dice Stratos:

> La musica deve essere vissuta da tutti e non solo da chi sta sul palco, bisogna togliere i ragazzi dalla posizione di spettatori a cui sono stati abituati. Noi siamo contro il monologo e per il dialogo. La musica oggi è discussione e questo tipo di discorso noi lo abbiamo iniziato con il terzo disco

> verificando che lo spettatore è realmente coinvolto. Oggi il pubblico vuole sentirsi musicista ed è giusto, specificatamente nei concerti pop il senso unico deve essere abolito (Demetrio Stratos in *Muzak*, aprile 1976, pag. 32, da *Il libro degli Area* di Domenico Coduto, Auditorium Edizioni Milano).

Da poche settimane passiamo un brano di un gruppo sconosciuto che fa sussultare il nostro pubblico, si chiamano The Knack con *My Sharona*, il riempipista più riuscito nella storia del Banana Moon.

Da pochi giorni si è concluso il Primo Festival internazionale dei poeti a Castelporziano (28-29-30 giugno 1979) con un cast massiccio come Allen Ginsberg, Gregory Corso, William Burroghs, Peter Orlowsky, John Giorno, Brian Gysin, Lawrence Ferlinghetti, Diane Di Prima e tanti altri, tre giorni in cui è successo di tutto, è crollato anche il palco, comunque grande folla straboccante, atmosfere mistiche e psichedeliche.

Avrei voluto esserci su quella spiaggia così ribelle!

Patti Smith a Firenze

Lunedì 10 settembre 1979 allo Stadio Comunale di Firenze arriva Patti Smith Group in concerto (all'interno degli eventi per la festa provinciale dell'Unità, che si tiene in quelle settimane), la città viene pacificamente invasa da oltre sessantamila persone per assistere a questo grande raduno "new wave". Al Banana Moon Patti Smith è passatissima, tutte le sere, dall'album *Easter* mandiamo a raffica *Space Monkey*, sicuramente la song più notturna e più richiesta, *Because The Night*, il delirio, l'apoteosi, il riempipista, la liberazione, cantata da tutti, una canzone "generazionale", che chiudeva un decennio, *Rock'n roll nigger*, il trionfo del rock club, quando passiamo questo brano "bestiale" il pubblico salta dappertutto, impossibile stare fermi, è una "barricata rock". Ma anche altri album come *Wave* da cui *So you Want to be (A Rock'n Roll Star)* diventa il nostro slogan, la nostra parola d'ordine, il nostro mondo, la nostra vita, noi la mandiamo a tutto volume, ci riempie di gioia, ci rassicura da tutti i nostri problemi. Con questo pezzo il nostro club si trasforma in un vero "macello", largo alle culture rock, ben arrivati anni '80, addio alla repressione interiore, "il personale non è più politico", ciao eskimo!

Arrivo allo Stadio di Firenze al tramonto, un tramonto rosso fuoco, un tramonto sanguigno, sono mesi che aspetto con ansia questo concerto, tutto lo staff del Banana Moon consiglia ai propri clienti di partecipare, di consumare, di non perdere assolutamente questo momento, non sono riuscito a entrare nel prato, è già tutto pieno, volevo andare vicino al palco. Pazienza, mi accontento della curva sud, mi sono portato un piccolo cannocchiale, non ho mai visto uno stadio così "rock", è impressionante, una marea di gente, mi domando se in questo mare umano, noi del Banana Moon abbiamo una piccola responsabilità, la musica che passiamo è servita a qualcosa, Patti Smith l'abbiamo sempre adorata e mitizzata. Eccola sul palcoscenico, eccola a Firenze, non ci posso credere, è un concerto che vorrei non finisse mai, passa in un attimo, mi sembra un flash, dal vivo regala un set indescrivibile, fa quasi tutto *Wave* (prodotto dal poliedrico Todd Rundgren) e poi brani da *Radio Ethiopia* e *Horses*, meravigliose copertine e meravigliose fotografie di Robert Mapplethorpe.

Per mesi dopo il concerto fiorentino il Banana Moon era tappezzato di fotocopie e fotografie di Patti Smith, una specie di "gallery" dedicata a lei e a quell'indimenticabile giornata passata agli annali della cultura rock della nostra città. Viva Patti Smith!

Controrock: la new wave italiana

Il Banana Moon riapre dopo la pausa estiva, dopo il megaconcerto di Patti Smith, abbiamo in testa mille idee, io penso sempre al CBGB's di New York, ho quel pallino fisso, un posto crudo e sincero dove fare suonare gruppi e band marginali.

Decidiamo di lanciare una prima rassegna sulla scena new wave italiana, con dentro le produzioni sonore fiorentine ma anche di altre città come Bologna o Roma, nasce questo piccolo festival, si chiama Controrock, uno sguardo su quello che si sta muovendo nell'underground italiano.

Questa serie di concerti ci appassiona tantissimo, facciamo uscire la notizia sulle maggiori riviste di settore, Controradio e Radio Cento Fiori ci promuovono caldamente. Tutti i concerti sono stati registrati da alcuni giornalisti e diventeranno oggetto di ricerche spasmodiche e ansiolitiche di collezionisti che dopo decenni cercano ancora quel materiale.

Radio Cento Fiori organizza delle trasmissioni pomeridiane con dirette e interviste, Diego Semeria e Raffaello Carusi scrivono un resoconto attento ed esplosivo sul mensile "Rockerilla", specializzato in culture rock, che consacrerà ancora di più il palcoscenico di questo piccolo locale fiorentino.

Il 20 e 21 ottobre 1979 si parte con una band bolognese, i Confusional Quartet, due concerti tiratissimi, mischiando jazz, rock, elettronica, musica etnica e contemporanea, ritmiche spezzate, nervose, ma dal vivo sono una macchina perfetta. Mi ricordano molto gli Area di Demetrio Stratos, sconfinano in territori di grande improvvisazione, poi ritornano su dei percorsi rockettari. Non hanno voci, niente testi, una scorpacciata di grande musica, ricca di energie, ti tengono sotto tiro, hanno una grande maestria, giocano con la ritmica, si divertono, riff di grande effetto. Ricordo Enrico Serotti - l'anima del gruppo - con la sua chitarra collegata a tastiere, effetti, piccoli moog. Qualche tempo dopo il concerto fiorentino l'etichetta Italian Record fa uscire il loro primo album, una rivelazione sonora, oggi introvabile, designato come un prodotto di grande attualità. I Confusional Quartet restano come uno dei maggiori gruppi per la totale contaminazione sonora.

Il 27 e 28 ottobre 1979 arrivano da Roma quattro musicisti freak-rock, si chiamano Take Four Doses, in questo periodo nella capitale stanno succedendo molte cose, noi ci accorgiamo che un locale romano, il Titan Club, sta seguendo una programmazione come la nostra. I Take Four Doses si muovono tra new wave e rock, a me ricordano vagamente i Talking Heads di David Byrne. Uno dei due chitarristi si chiama Stefano Pistolini, sono molto affiatati tra loro ma il nostro pubblico è con la testa da altre parti. Tutti ci chiedono quando facciamo ritornare i Confusional Quartet, molti mi chiedono se abbiamo dischi da passare durante la serata. Dei Take Four Doses uscirà il primo 45 giri con *Vita di Strada* e *La notte che inventarono gli eroi* per l'etichetta Cramps nell'ambito del progetto "Rock 80".

Il 3 e 4 novembre 1979 arrivano da Bologna i Luti Chroma, alla chitarra Mauro Patelli e al basso Ignazio Orlando, una band di rock'n roll, anche loro incidono per Italian Records, un loro singolo è una cover di Michel Polnareff *La Bambolina.* Il rock dei Luti Chroma piaceva, arrivava diretto, un rock corale, belle voci e usate bene. Ritroverò Ignazio Orlando qualche anno dopo ai concerti del Casablanca di Firenze e poi dopo molto tempo in compagnia dei CCCP di Massimo Zamboni e Giovanni Lindo Ferretti.

A Controrock il 10 e 11 novembre 1979 un gruppo nuovo, i Garage, capitanati da Marcello Laviosa alla voce. È un debutto, cantano in italiano e si muovono in un'area di rock sofisticato, un po' intellettuale, però di grande impatto. Il Banana Moon è strapieno, è presente tutto il giro dei musicisti fiorentini. È una produzione del Banana Moon.

Ho letto su Melody Maker che il 9 e 10 novembre 1979 al Rainbow di Londra ci sono i Buzzcocks e Joy Division in concerto mentre all'Electric Ballroom il 10 novembre ci sono Psichedelic Furs e Monocrome Set in concerto e per finire al Brighton Centre il 10 e 11 novembre The Who in concerto. Come vorrei che il Banana Moon diventasse un piccolo "Electric Ballroom" ma siamo a Firenze. Sta per aprire un nuovo rock club a Firenze, si chiama Imago Club, è in Borgo Ognissanti, stretto e lungo, tanti concerti e molta new wave.

Il 17 e 18 novembre arrivano gli Stray Dogs, una comunità romana, molto contaminata dal rock e dal blues con qualche citazione rockabilly, è un sound molto di "frontiera". Il pubblico chiede informazioni sui prossimi concerti, c'è molta attesa per i GazNevada.

Il 23 Novembre 1979 debutta un altro gruppo fiorentino, sono due musicisti, si chiamano MG Group, molto sperimentali, a me ricordano vagamente le "strategie oblique" sonore di Brian Eno. È un concerto molto soft, molto delicato, sonorità soffuse e gradevoli, niente rock stasera.

Il 20 e 21 Dicembre arriva lo stralunato e divertente "rock show" degli Sniff, una band formata da storici musicisti del set musicale fiorentino, sono ironici, citazioni alla Frank Zappa. Dal vivo si presentano truccati, vestiti follemente, il loro concerto è divertente, sanno intrattenere, è un rock and roll metropolitano, fatto di gag, scenette goliardiche, slogan comici.

Si avvicinano le vacanze natalizie al Banana Moon e noi stiamo pensando di andare incontro agli anni '80 con una festa decisamente punk e molto "wave", con tante sorprese.

Controrock termina con due band toscane, il 22 e 23 dicembre 1979 è la volta degli Atman, rock contaminato con il jazz, e il 28 e 29 dicembre degli Altair che a me ricordano un po' i Police di Sting, un rock legato molto alla new wave inglese.

L'album dei Police *Regatta De Blanc* è senza dubbio il disco più consumato nella storia del Banana Moon e il pubblico ruggisce quando lo passiamo.

Stavamo anche immaginando una rassegna di rock italiano al femminile prevista per la primavera 1980 e mai realizzata, con le Clito (Norma Loid, chitarra; Mannite, batteria; Olivia Jean Tonic, basso; Elettra Sax, sax tenore; Rubi Scass, voce) di Milano, e poi ancora le Kandeggina Gang con una giovanissima Joe Squillo nella prima formazione. Le Kandeggina, un anno dopo, suoneranno al Casablanca di Firenze, in una rassegna dedicata al rock italiano. Furono fischiatissime e molto contestate, loro erano molto agitate e in sala molti punk e darkettoni volevano sentire altre cose.

Le Clito furono chiamate da Federico Fellini per il film *La città delle donne*, per una breve apparizione.

Cafè Caracas: Raf e Ghigo Renzulli

Il 2 Dicembre 1979 si presentano sul palco del Banana Moon i Radar Controll, sono tre musicisti molto conosciuti nell'underground rock fiorentino: Raffaelle Riefoli al basso e alla voce, Ghigo Renzulli alle chitarre elettriche e Renzo Franchi alla batteria. Dopo questo concerto cambiano nome e diventano i mitici e sorprendenti Cafè Caracas. Il loro debutto ufficiale avviene sempre al Banana Moon, il 19 e 20 gennaio 1980, con due concerti passati agli annali del rock fiorentino. I tre hanno un feeling incredibile, specialmente Raffaele (proprio lui, che molti anni dopo diventerà Raf e arriverà al successo nazionale con le sue canzoni intelligenti), dal vivo ha una grande grinta, a lui piacciono i primi Police ma anche Jam, Talking Heads e Ultravox.

Un trio martellante, una potenza pazzesca, sfornano tantissimi brani loro, tutti super-provati nello spazio dove provano, la cantina di via dei Bardi a Firenze. Una cantina umida, dark, oscura, è di Ghigo Renzulli, provano quasi tutte le sere. Qui nasceranno più avanti i Litfiba di Gianni Maroccolo (basso), Antonio Aiazzi (tastiere-elettronica), Piero Pelù (voce), Francesco Calamai (batteria) e appunto Ghigo Renzulli (chitarre). Raffaele ha passato un periodo a Londra, ha visto un sacco di concerti, ascolta molta new wave.

Da poco avevo comprato il primo album dei B'52's, una band di New York, che mette insieme sixties e new wave, al Banana è molto passato, specialmente *Rock lobster*. I Cafè Caracas sono spesso al Banana Moon, lo frequentano, gli chiediamo di entrare nella nostra piccola agenzia che organizza concerti, molto artigianale ma produttiva, che organizzerà alcuni concerti in Toscana e in Emilia Romagna (il 20 febbraio 1980 presso la discoteca Small di Pieve di Cento, rassegna curata da Red Ronnie). Raf tiene molto alla sua immagine, per i concerti usa un look "sixty-sport", abbina la cultura anni '60 con vestiti sportivi, agili, pratici. Ghigo Renzulli frequenta spesso il Banana Moon, a volte mi chiede se passo qualche brano dei Led Zeppelin o Jimi Hendrix, ascolta molto blues.

Con i Cafè Caracas il pubblico si diverte, ci chiedono se hanno fatto dischi o demo-tape, qualche tempo dopo uscirà un loro primo singolo, una cover di Mina, *Tintarella di luna* e diventerà un hit nazionale.

C'è un loro brano che prediligo, si chiama *Nervous*, ha una carica adrenalinica formidabile, uno di quei pezzi che ti entra in testa e non ne esce più. Alla batteria Renzo Franchi è una "macchina da guerra" per ritmica e bravura. Anche lui militerà più avanti nei Litfiba degli anni '80, prima che arrivi Ringo De Palma.

Firenze stava diventando un groviglio di tanti gruppi, band, formazioni strane, ogni sera arrivava sempre qualcuno a portarci cassette musicali per suonare dentro il club di Borgo degli Albizi.

Gaznevada in concerto. Kriminal Show

Finalmente il 7 e 8 dicembre 1979 arrivano a Firenze con due stratosferici concerti gli attesi GazNevada. Sono in uscita con il loro nuovo album *Sick Soundtrack*, etichetta Italian Records.

Al Banana Moon sono già venuti qualche tempo fa con un altro nome, si chiamavano *Centro D'Urlo Metropolitano, Un dito in Culo, Un Mitra in mano* (4-5-6 novembre 1977, tre concerti di fuoco) e il loro hit era un brano passatissimo nell'undreground bolognese *Mamma dammi la benza*. Il gruppo nasce in una casa occupata di Bologna, in via Clavature, spazio frequentato da artisti, musicisti, scrittori, fumettisti tra cui Andrea Pazienza, Filippo Scozzari, Enrico Palandri (che sfornerà uno dei romanzi letterari cult e cioè *Boccalone*, uscito per le Edizioni L'Erba Voglio di Milano) e registi come Renato De Maria ed Emanuele Angioli.

I concerti fiorentini sono un pugno allo stomaco per il pubblico, dividono, chi li apprezza chi li manda a quel paese, è il primo punk'roll made in Italy. Dopo qualche tempo il Centro D'Urlo si esaurisce e nascono i GazNevada.

Arrivano a Firenze, c'è molta agitazione, provano tutto il pomeriggio e poi attaccano un lenzuolo bianco in fondo al palcoscenico e ci scrivono sopra, con una bomboletta spray, "Kriminal Show": signori e signore, ecco i GazNevada da Bologna.

> Ci piacevano anche i film dell'orrore, lo Stanley Kubrick di *Arancia Meccanica* e il primo Brian De Palma. Anche William Burroghs era importante per noi, e Chandler (anche se non è per me: io odio il noir!). Il nome GazNevada è preso da un racconto di Chandler, ma è anche il gas con cui venivano eseguite le condanne a morte nello stato del Nevada, che è poi lo stesso con cui i nazisti gassavano gli ebrei nei lager (Giorgio "Andrei Nevada" Lavagna dei GazNevada da *1977-1992. Non disperdetevi* a cura di Andrea Tinti e Oderso Rubini, Edizioni Arcanapop, 2003).

Attaccano il concerto con *Going Underground* ed è subito panico sonoro, hanno suoni inquitetanti, duri, acidi, nei loro testi parlano di metropoli in decadenza e in overdose, di allucinazioni, di atmosfere al limite del reale. I GazNevada sono: Billy Blade (sax tenore e baritono, voce), Bat Matic (batteria), Andrei Nevada (voce, elettronica) e Robert Squibb (chitarra). *Shock Antistatico*, altro brano che fa traballare il Banana Moon, e ancora *Nevadagaz* (loro primo singolo).

I GazNevada al Banana portano una ventata musicale di grande respiro, loro ascoltano e adorano i Cramps e i Flyng Lizard ma anche tutta la "no wave" americana come Lydia Lunch, i Contortions di James White, i D.N.A., Chrome ma anche Ramones, Brian Eno e Roxy Music. Qualche anno dopo si piazzorono in classifica con un brano *I.C. Love affair* per un'estate intera, si vedevano al Festivalbar rincorsi da scatenatissime fans in cerca di autografi, venivano passati in tutte le radio private. Era l'estate 1983, e la mia mente andava a quel piccolo palcoscenico di Borgo Degli Albizi a Firenze. Mi veniva in mente il brano *Antistatico Shock* e il loro set live di qualche anno prima. Rock'n roll in the space age!

Avevamo già fissato le date per dei concerti dei Tide Toast (gruppo nato intorno ai GazNevada e agli Stupid Set di Giampiero Huber) ma poi il progetto non fu portato a termine. La scena bolognese ci piaceva molto, grande fermento, la studiavamo con molta attenzione, con molto interesse, con molta passione.

Dopo tanti anni vengo a sapere che tra i clienti che frequentavano il Banana Moon c'era un giovanissimo Piero Pelù, in formato punk'n roll e Nicola Vannini, che un anno dopo aprirà la Rockoteca Brighton di Settignano, diventando uno dei "dark club" più importanti di Firenze.

E proprio qui debutterà uno dei gruppi più importanti della scena wave italiana, ovvero i Litfiba. Da qui decollerà la new wave fiorentina, entrerà nella grande leggenda del rock italiano. I Litfba faranno una grande carriera costellata di tanti successi fino al 1999, anno maledetto in cui Piero Pelù e Ghigo Renzulli si dividono per sempre. Il loro ultimo concerto è al Monza Rock, annunciato per il 10 luglio 1999, quel pomeriggio sullo stesso palco ci sono Echo And The Bunnymen, i C.S.I. di Ferretti e Zamboni con Gianni Maroccolo, gli Articolo 31, ma al tramonto arriva un temporale violentissimo e il concerto dei Litfiba è rimandato al giorno dopo. La storia, forse, non vuole quell'abbandono, in molti rimpiangono questa loro scelta, e ad oggi ci chiediamo ancora il perché. I Litfiba suoneranno il giorno dopo e regaleranno ai loro numerosi fans un bellissimo, ultimo show. Eroi nel vento!

Il Capodanno punk: Cheetah Chrome and The Motherfuckers

Il 31 dicembre 1979 è un Capodanno veramente speciale, da circa due settimane ai nostri clienti, agli amici più stretti chiediamo di non mancare assolutamente a una "lunga notte con Cheetah Chrome and the Motherfuckers at Banana Moon e colla, audiovisivi, gateaux, photo, televisori fino all'alba", c'era scritto sul volantino che reclamizzava l'evento con una grafica veramente "cruda" e la foto di Rotten dei Sex Pistols. Un volantino che vedevi da lontano, ti colpiva subito, lo trovavi anche in quei posti più alternativi di Firenze come la libreria Sole Rosso (via del Sole, dove trovavi tutte quelle pubblicazioni avant garde di fotografia o di arte creativa giovanile), il Centro Macrobiotico (via dei Serragli, spazio molto intellettuale e zeppo di seminari di yoga o discipline meditative), il Disco Queen (via Porta Rossa, sotto la direzione rigorosa e gentile di Mario De Lucia e dove compravo molti dischi per il Banana Moon), la Contempo Records (via Verdi, sempre piena di musicisti ad aspettare i nuovi arrivi da Londra), il Rondò di Bacco (piazza Pitti, consacrato alle avanguardie teatrali italiane e straniere) e infine la Pentola dell'Oro (ristorante vegetariano molto rilassante, dove spesso andavo a cena, rigorosamente con tessera). Sicuramente è un grande "capodanno elettrico", salutiamo gli anni '70 e si presentano gli anni '80!

Anche la stampa locale annuncia questa serata molto curiosa con un gruppo che debutta al suo primo concerto, arrivano da Pisa, è una punk-band, si chiamano Cheetah Chrome and The Motherfuckers con un cantante arrabbiatissimo, Luca Piercecchi che tutti chiamano semplicemente Sid, Domenico "Dome" Petrosino alla chitarra, Antonio Cecchi al basso e Ale Fantinato alla batteria. Il concerto inizia prima di mezzanotte, è un boato "hardcore", sparano ritmi velocissimi, attacchi cardiopatici, un volume pazzesco, urla, stiamo entrando nel nuovo decennio, in un caos sonoro diabolico. Ma ci piace, vogliamo salutare il nuovo anno in questa maniera.

I Cheetah Chrone sono uno dei primi gruppi italiani della scena punk nazionale, il loro concerto finisce con una batteria sfondata e poi dritti fino all'alba con Ramones, Clash, Damned, Iggy Pop, Ian Dury, Buzzcocks, Vibrators, Television, Generation X, The Stranglers, Jam, The Police, Tom Robinson Band, Ultravox, Devo,

Cabaret Voltaire e soprattutto Sex Pistols. Una sana scorpacciata di punk'n roll, finiamo all'alba, fuori è già giorno e l'ultimo disco è uno splendido Keith Jarrett in *Live in Koln*. Dopodiché tutti a fare colazione.

Sono molti mesi che passiamo l'album dei Sex Pistols *Never Mind the Bollocks Here's the*" (uscito il 28 ottobre 1977); *Good save the Queen* scuote le pareti nere del Banana Moon, non so come mai ma elettrizza, sveglia, rimette in carreggiata, ci riporta ad una sana dimensione, in questo periodo il jazz non lo digeriamo proprio.

Nel novembre del 2007 a Londra, alla Brixton Academy, si è svolto un concerto-reunion dei Sex Pistols, tutto esaurito, pubblico attempato, pochissimi giovani, con un Johnny Rotten in gran forma. Sono passati trent'anni dall'uscita del loro primo album, sono trent'anni che è nato il Banana Moon. Ci sentiamo molto vicini ai Sex Pistols. Dio salvi il Banana Moon!

> Il movimento punk nasce a New York come esaltazione musicale e filosofica dei mali della violenza della grande metropoli. Poi, quando sembrava esaurirsi, il fenomeno si riaccende violento a Londra, dove fa presa sui giovani figli dei disoccupati della "working class", sul sottoproletariato urbano. Dicono i Sex Pistols che per essere "punk" bisogna innanzitutto essere giovani, giovanissimi, i capelli non devono essere lunghi (meglio se tinti con ciocche di colori sgargianti), il vestire estremamente trasandato: jeans rotti, scarpe da ginnastica, magliette stracciate con i lembi rattoppati con spille da balia, (queste spille sono presenti dovunque in un vero "punk", anche infilate nelle guance) e occhiali attraverso i quali sia impossibile scorgere lo sguardo. È inoltre obbligatoria una lametta da barba usata da appendersi da qualche parte; il "punk" è ugualmente violento contro gli altri quanto contro se stesso e la lametta è il suo simbolo, è infatti consigliabile ostentare in alcune parti del corpo delle cicatrici più o meno autentiche: sanguinare ogni tanto fa molto, molto "punk"! (da uno stampato redatto per l'uscita italiana dell'album dei Sex Pistols curato da Dischi Ricordi, 1978, per la collana "Punk").

Vinicio Diamanti e il suo Babalù Show

Il caro amico Dominot ci ha sempre parlato di Vinicio Diamanti, della sua bravura di attore, mitica figura dell'avanguardia teatrale romana. Ha lavorato in spettacoli storici come *A come Alice* con Manuela Kustermann e per la regia di Giancarlo Nanni. Anche nel cinema, come non ricordare i suoi ruoli ne *Il vizietto* e *Delitto al Blue Gay* con Thomas Milian.

Diamanti, oltre ad essere attore (in quei giorni era al Rondò di Bacco con la compagnia di Memè Perlini) è anche una grande "drag queen". Dominot ci racconta delle performance che molto spesso Vinicio Diamanti escogita in alcuni club della capitale.

Vogliamo portare il suo spettacolo, *Babalù Show*, al Banana Moon e ci riusciamo. Annunciato intorno alle 24 del 12 gennaio 1980, si rivela una follia pazzesca, Vinicio appare sul palcoscenico con una gonnella di banane (vere), completamente dipinto di nero in faccia, musiche esotiche e ritmate, un'apparizione che spiazza e diverte tutto il pubblico.

Grande Vinicio, si muove e si contorce con una gestualità tra il grottesco e l'ironico. Un flash, applausi da tutte le parti, in sala è presente al completo la Compagnia di Memè Perlini.

> Avevo molti corteggiatori. Ero ambiguo. Ero considerato un vero oggetto di piacere. Ero una femminella, ricordo un episodio particolarmente interessante e divertente a Porto Empedocle, in Sicilia. Cantavo Edith Piaf. Grande successo. Dopo gli applausi mi tolgo la parrucca, come mi aveva consigliato il mio capocomico, panico nel pubblico che urla "c'ha fregato. Brava, però brava" (intervista a Vinicio Diamanti da *La Gaia Vecchiaia*, di Antonio Veneziani, Coniglio Editore).

A Vinicio Diamanti piaceva molto la divina Wanda Osiris e cercava di imitarla, quella sera siamo stati bene con lui. Quella performance di Vinicio Diamanti divenne epocale, lui si divertì tantissimo, noi il doppio, il Banana Moon aveva questi lampi di genialità creativa, mischiava tutto, dal jazz al cinema off, dalle drags al teatro d'avanguardia.

> Oggi non c'è discoteca trendy, soprattutto se programma musica house, senza almeno uno straccio di drag: siamo il cacio sui maccheroni, la ciliegina sulla torta, anzi direttamente la torta! La disco-drag diventa una professione (Vladimir Luxuria, *Chi ha paura della Muccassassina? Il mio mondo in discoteca e viceversa*, Edizioni Bompiani, 2007).

Passavamo tantissime volte *Macho man* dei Village People e il pubblico dilagava nelle danze.

Elettricità at Banana Moon. Strategie per gli anni '80

Elettricità at Banana Moon è il titolo di questa performance spettacolare, con il sottotitolo "Gruppo new wave in play back su basi elettro-robotiche con interventi di materiali urbani". Un autentico manifesto degli anni '80 con uno "starring" di attori e attrici come Sandro Tamburi, Serena Volpi, Marzia Fossi e tanti altri. Alla tecnica musicale Marcello Michelotti, la regia e i testi sono di Bruno Gas. Riportiamo dal comunicato stampa:

> La tecnologia, l'uso dei transistors e l'elettricità saranno momenti teatrali efficaci per le nuove avanguardie. Il testo è morto e dilaniato, il mixer diventerà il punto focale di ogni live-act. Questo nuovo linguaggio "elettrico" può essere verificato nei gruppi della nuova generazione new wave inglese e americana. Londra con le sue periferie sta sfornando situazioni interessanti; la musica, i suoni sono "sporchi", notturni, fisiologici, il rumore delle autostrade e delle sopraelevate newyorkesi diventano sound. Nasce la No Wave influenzata dalla disko e dall'elettronica. L'estetica dei gruppi newyorkesi è il recupero degli anni '60 (vestiti, colori, atteggiamenti). Tutti ragazzi perbene esteticamente ma con mondi interiori coatti, laceranti, catastrofici. Elettricità vuole essere un break visivo e sonoro. Gli strumenti elettrici sono la scenografia della performance. Si passa dalla tensione-discoteca alle atmosfere di Akron negli Stati Uniti (tute antiradiazioni), dalle sonorità tecnologiche dei Chrome alle immagine distorte dei Cabaret Voltaire fino al rock animalesco e sudato degli AC/DC. Questa performance è anche la dimensione quotidiana del Banana Moon Anni '80 (comunicato stampa del Banana Moon, 25 febbraio 1980).

Lo spettacolo inizia con un rumore assordante di sirene antifurto, divani tossici, coperte leopardate, telefoni che squillano, gesti schizofrenici, malattie mentali, parole sconnesse, slogan pubblicitari, immagini degradate, sono gli elementi di questo "bad show". Tre repliche, dal 29 febbraio al 2 marzo 1980, sembra la sfilata maniacale di una periferia urbana, Tamburi è un attore eccezionale, mima un suicidio con una corda, tra il grottesco e il macabro. Restiamo tutti garbatamente sconvolti, è un omaggio alle culture metropolitane di fine secolo. Tutto finiva con *God save the Queen* dei Sex Pistols, a tutto volume e uno degli attori con una bomboletta spray nera scriveva sul fondale bianco del palco "Sid live". In coda altri tre minuti di sirene antifurto con le luci che si accendevano in sala.

Sandro Tamburi è uno dei personaggi che frequenta il Banana Moon, fin dall'apertura ha sempre seguito il nostro spazio, ha fatto anche dei concerti, suona il sitar in maniera eccezionale, ma la cosa che mi sconvolge di Tamburi è la sua energia, la sua creatività, la sua curiosità, sempre ad inventare qualcosa, a produrre musica, teatro, costumi, scenografie. Qualche anno più tardi, nel 1982, esce il suo primo album, si chiama *Tam Tamburi*, in copertina c'è lui accanto al suo fido "orsetto" ovvero Roberto Orzali, molti brani del disco (tutti firmati da lui) mi ricordano dimensioni e storie tipiche del Banana Moon, come la ballatissima *Transylvania Cruising*. Oggi Sandro Tamburi vive a Madrid e fa lo stilista. Ad una domanda fatta da un giornalista bolognese, Giancarlo Riccio, su quali siano i colori di *Elettricità at Banana Moon*, il regista risponde:

> Sono i colori fosforescenti, la fosforescenza: il neon giallo è basilare, le lampade dell'autostrada. Le lampade delle stazioni di servizio, le luci dei garage. Queste sono le luci, anche della nostra performance (intervista a Bruno Gas da *Percorsi del Rock Italiano*, di Giancarlo Riccio, Edizioni Il Formichiere).

Per pubblicizzare l'evento mezza Firenze era tappezzata da volantini in bianco e nero con sopra un articolo dal titolo "Undici muoiono calpestati per ascoltare musica rock" (una tragedia accaduta a Cincinnati, negli Stati Uniti, per assistere ad un concerto del gruppo inglese The Who).

Dopo lo spettacolo passavo sempre *Baba O' Riley* dall'album *Who's next*, grande scenario rock!

Sorella Maldestra

Il 2 e 3 febbraio 1980 planano al Banana Moon i Sorella Maldestra, arrivano da Vercelli, autentici piemontesi, uno dei gruppi più interessanti della scena rock-demenziale italiana. Sono formati da Aceto Pazzo (voce), P. Rude (esperto in insalate miste, voce), Andy Capuano (è il chitarrista più veloce del mondo), Turbo Lento (basso), E. Pico (batteria, pesta duro), Lee Bido (voce), Al Bando (tastiere), Picco Letto (nuovo arrivato, poeta).

Sono stati gli Skiantos a segnalarci questa band e noi ci fidiamo ciecamente di Freak Antoni e compagni, da poco hanno inciso una cassetta per l'etichetta Harpo's Bazar di Bologna, si chiama *Cadavere*. Sul loro comunicato leggiamo: "Le canzoni parlano della vita e il suono è ammalato: afa, zanzare, nebbia e paludi" (dalla biografia dei Sorella Maldestra, 1980).

È da un anno che hanno cominciato a suonare, è un gruppo "amato, odiato ma mai ignorato". Al Banana Moon incontrano il favore del pubblico, piacciono e convincono, si divertono proprio tutti. Sembra una grande festa, loro ci danno sotto, è il loro primo concerto a Firenze.

Nel pomeriggio, con alcuni componenti dei Sorella Maldestra, siamo in trasmissione a Controradio, mandiamo praticamente tutta lo loro cassetta, un'intervista-fiume, ci telefonano in molti, alcuni ci richiedono brani di Bob Marley e di Jimi Hendrix.

Apprendiamo dai giornali che il cantante degli AC/DC, Bon Scott, muore a Londra. Mi vengono in mente i concerti visti al Marquee Club qualche anno prima. Bon era un grande cantante, aveva una grande carica, sudore rock.

Il 16 febbraio arriva al Banana Moon Franco Falsini, uno di quei musicisti che ha segnato la storia del rock a Firenze, uno dei primi a scoprire le risorse geniali dell'elettronica, a sperimentare suoni e sound innovativi. Memorabili le sue performances presso lo Space Electronic come Paolo Uccello ma anche nel rock blues con Noi Tre.

Al Banana Moon si presenta con un trio e cioè Bronko alla batteria, Richard Ursillo al basso e lui alla chitarra collegata a strane tastiere e al sintetizzatore. È un genio, è uno dei primi a capire le contaminazioni tra culture rock e culture elettroniche. Grande anticipatore e genio non compreso, i suoi Sensation Fix sono stati uno dei gruppi a fondere progressive e sonorità tecnologiche. Al Banana Moon si passa spesso *Cold Nose* di Franco Falsini, colonna sonora di un film documentario, un album eccezionale, ancora oggi di un'attualità sconcertante. È sicuramente l'unica apparizione live che fa nel club di Borgo Degli Albizi.

Indimenticabile il concerto dei Sensation Fix nel giugno 1975 sotto la Loggia dei Lanzi in piazza Della Signoria, un sabato pomeriggio, con la luce del giorno, un fascino ed una forza pazzesca. Sembrava di essere su un altro pianeta, sembrava un sogno vedere tutte quelle statue storiche della piazza con le musiche oniriche ed elettroniche: qualcuno avrebbe detto in quel periodo "siamo in trip"!

Aria Compressa, ultimo atto

L'ultimo atto del Banana Moon è la performance-spettacolo *Aria Compressa* della Compagnia Teatrale Alone di Messina. Gli animatori e gli attori del gruppo abitano a Firenze da molti anni, frequentano la facoltà di Architettura, sono degli assidui clienti del Banana Moon. Da molto tempo ci parlano di questo loro progetto a metà tra il teatro di ricerca, lo spazio e le arti visive, a noi il progetto ci convince e così decidiamo le due date di debutto (12-13 aprile 1980).

Ci lavorano da molto tempo, la sera della prima è presente molto pubblico, più che uno spettacolo tradizionale è una performance visuale, fatta di suoni, gesti, sguardi, pochissimo testo: pareti di plastica trasparente, macchine da scrivere frantumate, luci intermittenti e nervose, fari sul pubblico, aria compressa sparata sulla plastica, rumori assordanti, urla, corse affannose, stroboscopiche perennemente accese, tappeti sonori schizofrenici, tensione quotidiana, camicie strappate. Rimaniamo tutti esterrefatti, il pubblico ha paura, comincia a indietreggiare dal palcoscenico dove si svolge l'azione.

La seconda replica è ancora più violenta, più aggressiva, più cattiva, a me piacciono moltissimo, mi ricordano alcune esperienze dello Squat Theatre di New York o del gruppo romano The a Tre.

A metà dello spettacolo della seconda notte, durante questo "vortice teatrale", va via la corrente elettrica in tutto il locale, black-out vero. Lo spettacolo continua nel buio totale, tra urla e grida di panico. Rimaniamo spiazzati, in un silenzio tombale, loro, gli attori, sono completamente in trance, sconvolti. Si parlerà molto di questa performance nelle settimane dopo, anche perché chiude per sempre le attività culturali, creative e artistiche del Banana Moon di Firenze.

La catastrofe spettacolare di *Aria Compressa* cancellerà per sempre questo piccolo spazio: è quasi un avvertimento, fatto di strani segnali e di strane atmosfere.

Stavo pensando in quel periodo di mettere in piedi una performance visiva dedicata al grande Charlie Bukowski, abbinare le atmosfere metropolitane dei suoi romanzi ai fumetti di Robert Crumb, le musiche rigorosamente di Frank Zappa.

Il primo album dei Pretenders è uno dei dischi maggiormente passati al Banana Moon, la voce femminile di Chrissie Hyndie ci fa sognare e decollare. *Precious* è il brano punk'n roll che mandiamo in continuazione. *Private Life* è la dolcezza notturna, mandata quasi sempre dopo le tre di notte, un feticcio musicale di grande calma interiore. *Brass in Pocket* mi ha fatto sognare per tanto tempo, un inno alla vita, un grande abbraccio al futuro.

Volevamo fare tante cose ma non ci siamo riusciti, volevamo trasformare Borgo Degli Albizi di Firenze in una nuova e "poppeggiante" Carnaby Street con shop di dischi e rock gadget, con showroom di stilisti all'avanguardia, con ristoranti freak e macrobiotici, con alberghi "beatlesiani", con pub e clientela mods, volevamo inventare un'altra "swinging", questa volta made in Florence!

Crollo nervoso. Magazzini Criminali a Firenze

Il 30 aprile 1980 debutta al Teatro Affratellamento di Firenze la Compagna Magazzini Criminali Prod. in *Crollo Nervoso* in prima nazionale ed europea. Sono ansioso di vedere questo spettacolo, lo aspetto da mesi, e poi io sono un grande fan di Federico Tiezzi, Sandro Lombardi e Marion D'Amburgo.

Le scene di *Crollo Nervoso* sono di Alessandro Mendini, Paola Navone, Daniela Puppa e Franco Raggi, i costumi di Rita Corradini, le musiche di Brian Eno e degli stessi Magazzini Criminali. Gli attori coinvolti sul palco sono: Marion D'Amburgo (Irene), Sandro Lombardi (Willard), Pier Luigi Tazzi (Beuys), Julie Anzilotti (Dallas), Mario Carlà (Bruce Lee), Riccardo Massai (Skateboarder), Grazia Roman (Playmate), Federico Tiezzi (Neil Amstrong).

> Lo spettacolo si struttura su elementi di fiction tradizionali, su un orizzonte perfettamente definito in forma scenografica. Spazi di fiction indifferenziati, a-direzionali e senza tempo: l'aeroporto di Los Angeles, una camera d'albergo a Saigon, la spiaggia di Mogadiscio. I loro dialoghi sono balbettamenti interrotti da frasi slogan: scimmiottamento isterico senza profondità, puro ritmo sonoro (da *Frequenze Barbare*, di Rossella Bonfiglioli, La Casa Husher Editore, Firenze).

Lo spettacolo vado a vedermelo tre volte, tocca tutte quelle corde a me molto vicine, rappresenta tutto quello scenario metropolitano, del teatro-sabotaggio che io ho sempre sostenuto. Poi tutto il "sound", il sonoro del contenitore, le "strategie sonore" di Brian Eno rivisitate o comunque tutta quella scuola di avanguardie musicali che arrivano da New Yorl con la No wave. In questo contesto tutto è condotto alla velocità e alla rapidità, siamo negli anni '80 e questo i Magazzini Criminali lo hanno capito alla grande.

Così Crollo Nervoso è percorso da tali vertiginose aperture da far veramente percepire all'immaginario l'assenza della fine. Ed è proprio questa la condizione più appassionante cui la forma possa dar luogo. Lo spazio, i buchi neri, il deserto, l'elettronica, Eno, l'ubiquità, la velocità assoluta, il desiderio. Dove tutto è possibile, di qui non si torna indietro... Ecco perché i Magazzini Criminali parlano tanto di geografia: perché il loro campo d'azione è proprio una nuova mappa dell'immaginario. Una geografia che è al tempo stesso la più astratta e la più fisica: dove fra gli spazi materiali (deserti, metropoli, spiagge), i luoghi più concreti (Dakar, Accra, Mogadiscio) e le forme del linguaggio, si tracciano linee di incrocio le più azzardate e ineffabili. Immaginare incontri imprevisti: è questo l'accadimento fondamentale, qui e ora (da *Suoni dal pianeta divo, o la seduzione elettronica*, di Franco Bolelli, in *Frequenze Barbare*, di Rossella Bonfiglioli, La Casa Husher Editore, Firenze).

In questa primavera piovosa esce anche il terzo numero della rivista "Magazzini Criminali", tabloid in bianco e nero tutto dedicato a quattro temi: Impero delle steppe, Cure del corpo, Sex e Fashion. Rigorosamente vietato ai minori di 18 anni, una panoramica fotografica di tutti quegli scenari cari alla vita artistica della compagnia fiorentina.

"Elettricità", prima fanzine a Firenze

"Elettricità" è la prima fanzine che esce a Firenze, arriva nelle librerie alternative e negli shop di musica indipendente nell'aprile del 1980. Viene presentata a Controradio in una trasmissione condotta da Riccardo Chiarini con una scaletta musicale attenta a tutte quelle novità che arrivavano dal mondo "indies" inglese e americano.

Supplemento a Controradio, redatta e curata da Bruno Gas. Una fanzine rigorosamente nata nell'area del Banana Moon con tutta una serie di ringraziamenti rivolti a personaggi come Paolo Atzeni, Saigon Productions, Elettricità Band e Radio Teheran. I contenuti del primo e unico numero sono: i locali di New York più frequentati dal pubblico rock, punk e new wave come il CBGB's, lo Hurrah, il Mudd, il Trax, il Max Kansas City e il Cocker Room; un flash sul Metropol di Berlino, luogo di culto per le generazioni after punk; una serie di fotografie del concerto dei GazNevada al Banana Moon; la recensione dell'album dei Throbbing Gristle *20 Jazz Funk Greats*; una recensione di un concerto degli Orchestral Manouvres in The Dark a Liverpool; un omaggio a Sid e Nancy Spungen, un caro ricordo per la scomparsa di Sid Viciuos; un articolo sulla metropolitana di New York con le sue favole "bastarde"; un flash sulla punk band X di Los Angeles; la recensione della performance "Elettricità" al Banana Moon; un omaggio ai Ramones e a un loro concerto fatto per la polizia di New York (Dee Dee risponde "Si... bravi ragazzi"); alcune foto dei Cheetah Chrome and The Motherfuckers di Pisa lungo la ferrovia, in mezzo ai binari.

Questi i contenuti del primo numero, tiratura duecento copie, oggi oggetto di culto dei collezionisti degli anni '80. Linguaggi telegrafici, slogan, giochi linguistici, radiografie fotografiche, manierismo metropolitano, leggende urbane, malattie rock, oscurità sonore, funerali elettrici, droghe di moda, copertine di dischi, immagini poco rassicuranti. Questo e altro la filosofia della fanzine.

Il secondo numero di "Elettricità" non uscirà mai, mancanza di soldi. Praticamente era già pronto, tra gli argomenti precettati un reportage sui Magazzini Criminali, uno sui Chrome, un concerto dei Killing Joke e ancora le fobie elettroniche di Gary Numan e John Foxx e infine la letteratura di William Burroghs. Doveva essere presentato con una performance presso "Gasoline" a Firenze, un'ex stazione di servizio trasformata in una boutique di abiti new wave e vintage. L'altra ipotesi era presentarlo in tre posti diversi, in orari diversi, il pomeriggio in una galleria di arte contemporanea, al tramonto in una macelleria e la notte in un video-bar. Mi sarebbe piaciuto mettere in piedi una performance spettacolare presso il Ponte all'Indiano.

Controradio resiste*

Il Banana Moon chiude ma Controradio resiste, continua, ancora oggi è una delle radio più ascoltate a Firenze e in Toscana. Controradio è la storia di una voce che ha raggruppato diverse generazioni: gli anni '70, ideologici, spigolosi, difficili, importanti, formativi, creativi; i dorati anni '80, esplosivi, bollenti, veloci, sudati, eleganti, contaminati, tribali, comunicativi.

Controradio è il decennio degli anni '80, sono i consigli per il clubbing, i consigli per le nostre colonne sonore, per le nostre letture, per i nostri viaggi, per le nostre notti, per i nostri look, per il nostro tempo libero.

Controradio è il Rock Contest ed il rock fiorentino, è il "Rinascimento Rock", nottate infinite per i club della Toscana, etichette indipendenti nate in giro per la regione, nuovi gruppi, nomadismo sonoro, pubblico sempre numeroso, lunghe file ai botteghini, meraviglioso, sempre contento, riconoscibile.

Renato Carosone in concerto al Teatro Tenda. Che spettacolo!

Controradio è il Tenax degli anni '80, l'apertura in quel mitico settembre 1981, con Larry a mettere i dischi, una serata di sguardi, sorrisi, divertimento, ballo. Finalmente si balla con il rock e la new wave, si balla con gli Yello ed i Thompson Twins.

Controradio è la radio dentro il Pitti Trend, è la radio trend, è la radio portavoce del nuovo costume giovanile, una passerella delle voci storiche che trasmettono, un intreccio intelligente di interviste, gossip, scenari teatrali, nuovo design, arti visive, architettura e culture giovanili.

Controradio è il decennale al Tenax, quel 23 aprile 1986, una serata straripante, una serata passata alla storia con Litfiba, Diaframma, Neon, Moda e le sfilate di Samuele Mazza, di Barbara Bai e di Franco Biagini.

E poi ancora i Giovanotti Mondani Meccanici, il jazz di Giochi Proibiti e la diretta radiofonica in tutta la città.

Controradio è il fantastico Bar After, un pianeta irriproducibile, un pianeta zappiano, un frullato di comportamenti per tutti i gusti, dal darkettone al compagno rock, dal giovane intellettuale al manager rampante, dallo yuppie al tossico, un grande bestiario colorato.

Controradio sono le trasmissioni notturne che durano fino all'alba, sono tutte quelle canzoni generazionali che abbiamo cantato, sono le song dei Rolling Stones, Frank Zappa, Soft Cell, Danse Society, Eurythmics e l'intramontabile *My blues is you*, pezzo fondamentale nella colonna sonora italiana degli anni '80.

Controradio è il Salt Peanuts di piazza S. Maria Novella, uno dei jazz-club più nevrastenici del panorama italiano, tra le performances di John Giorno, Steven Brown, Steve Lacy e Death in June.

Controradio è il concerto degli UK Subs al Teatro Andromeda di Firenze, un concerto punk, saltano le prime tre file di sedie e ancora oggi non si sa che fine abbiano fatto!

Controradio è la rassegna in piazza Santo Spirito per l'estate fiorentina 1980 con Neon, Kerosene e Cafè Caracas, con un Raf indimenticabile che cantava *Tintarella di luna*.

Controradio è il Casablanca di Rifredi con i concerti, il videobar, le rassegne di rock italiano e la comicità fiorentina con un giovanissimo Paolo Hendel.

Controradio è il Bagno Stella al Poggetto, un'estate torrida con piscina, concerti, cene psichedeliche, appuntamenti swing e tanto coraggio rock.

Controradio sono gli anni '90 e poi il Duemila, Controradio è ancora qui, è un pezzo di storia rock, Controradio ha cantato tutte quelle avventure giovanili che hanno attraversato questa città e che continuano ad attraversarla. Controradio ha sempre supportato intelligentemente tutte quelle esperienze alternative appunto come il Banana Moon di Firenze. Controradio è ancora una bella scossa elettrica a tutto ciò che ci circonda e a tutto ciò che ci annoia. Compagni continuate così!

*Questo capitolo è tratto da una traccia scritta per il catalogo della mostra *Un weekend postmoderno*, per il ventennale del Tenax, Stazione Leopolda, Firenze, febbraio 2002.

Il Banana Moon chiude per sempre

Cala il sipario, si chiudono i portoni di Borgo Degli Albizi numero 9, finisce un pezzo di storia rock and roll di questa città.

Per molti mesi silenzio assoluto, poi lo spazio ha continuato sotto altre sigle, ma non era più la stessa cosa. Per qualche anno è diventato "Black Out", poi si è trasformato in "Discipline" (dedicato alle filosofie creative e agli intrattenimenti sonori degli Psychic Tv di Genesis P Orridge ed è durato circa un anno) e poi ancora ecco "Liquid" un po' funky, un po' jazz glamour, un po' rock, molto frequentato, ma anche questo finito.

Firenze si stava preparando a quel decennio trionfale e mediatico, a quel decennio pazzesco, stava arrivando al galoppo il "Rinascimento Rock", gli algidi e creativi anni '80 tanto blasonati, tanto chiacchierati, tanto invidiati in tutta Italia ma anche all'estero. Usciva in libreria il romanzo cult *Altri Libertini* di Pier Vittorio Tondelli, uno di quei libri letti tante volte, uno di quei libri entrati nei nostri cuori e non più usciti.

Mi sarebbe piaciuto che Tondelli fosse venuto al Banana Moon, chissà se ci è passato, chissà quante persone sono passate da quel posto. Ogni tanto qualcuno mi dice "io c'ero e me lo ricordo bene!".

Pochi mesi dopo Nicola Vannini, nostro affezionato cliente, apre a Settignano, sulle colline poetiche di Firenze, la Rokkoteca "Brighton", nelle cantine della Casa Del Popolo. Diventerà luogo gettonato per le generazioni dark in città, è lo spazio dove debutteranno i Litfiba e i Diaframma. Ed è un successo imprevedibile. Qui trionfa il sound firmato Joy Division, Bauhaus, Sister Of Mercy, Virgin Prunes, Clock DVA, Killing Joke, Simple Minds, The Cure.

La diversità del Banana Moon è sempre stata una semplice quotidianità, una sana e sincera normalità. Devo dire che per noi, che lo vivevamo tutti i giorni, quel locale era la nostra filosofia di vita, la somma di tutte le nostre esperienze.

Il Banana Moon è stata la mia famiglia per tre anni.

E ora, cos'è diventato? Un profumato e ordinato spazio di un artista, un laboratorio dove si fanno e si vendono quadretti tradizionali.

Non ho mai avuto voglia di rientrare là dentro, troppi ricordi, troppe vibrazioni, troppe facce, troppi amori, troppi suoni, troppi odori, troppe notti, troppe albe, troppi amici, troppe paure, troppe delusioni, sono andato avanti per la mia strada, senza i miei compagni, che non ho più rivisto.

È passato tanto tempo da quel mitico 1977, eppure per me è sempre molto divertente e appassionante ricordare tutti quei momenti, belli e brutti, dello stralunato ed esplosivo Banana Moon di Firenze.

Esce *Metamatic* di John Foxx, lo ascolto in continuazione... *He's liquid*. Escono tanti dischi, troppi dischi, impossibile citarli tutti. Eppure ancora oggi rivedo quel periodo come un momento di grande spontaneità, di grande passione ma soprattutto di grande divertimento.

Un grande e fondamentale ringraziamento va a Fiorella Caspoli e Alberto Chiti, miei compagni di viaggio in questa avventura culturale, con loro ho diviso giorno dopo giorno questo meraviglioso progetto, che resterà impresso per sempre nel mio cuore e nella mia mente.

Ho una grande nostalgia delle nostre risate quotidiane!

Storia per immagini

Autunno 1977:Il Banana Moon in città

Nadia Kent al Banana Moon

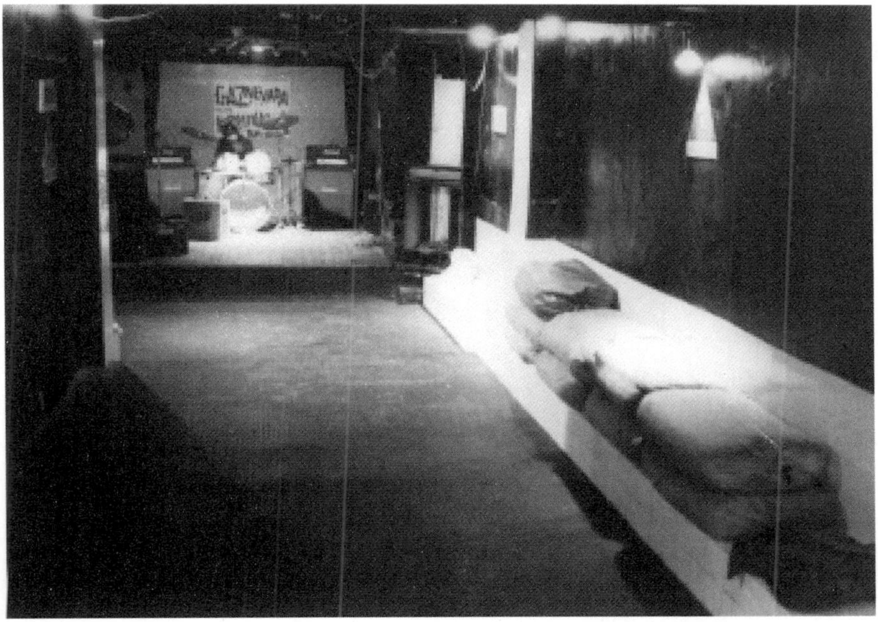

Prove pomeridiane dei GazNevada al Banana Moon (Foto di Giuseppe Atanasio)

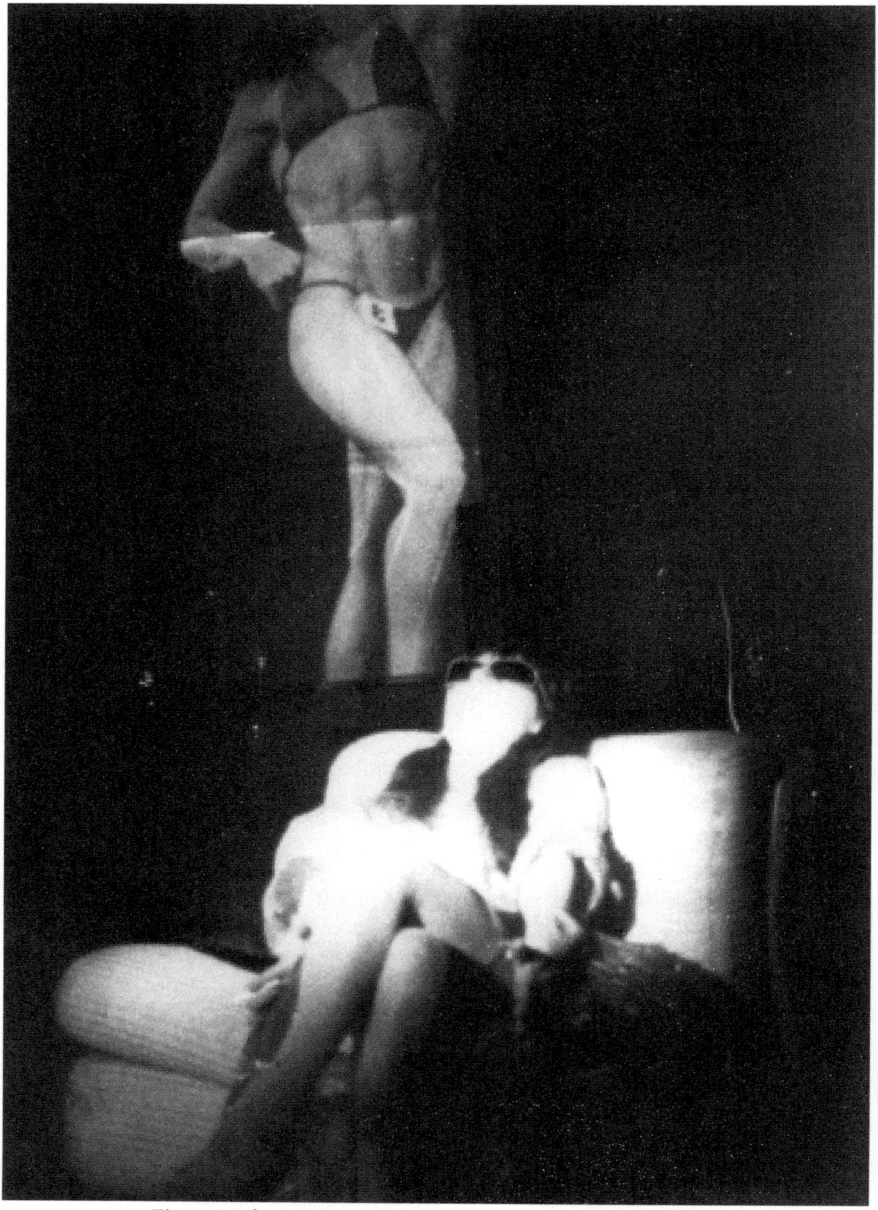

Elettricità. Rock performance (Foto di Paolo Atzeni)

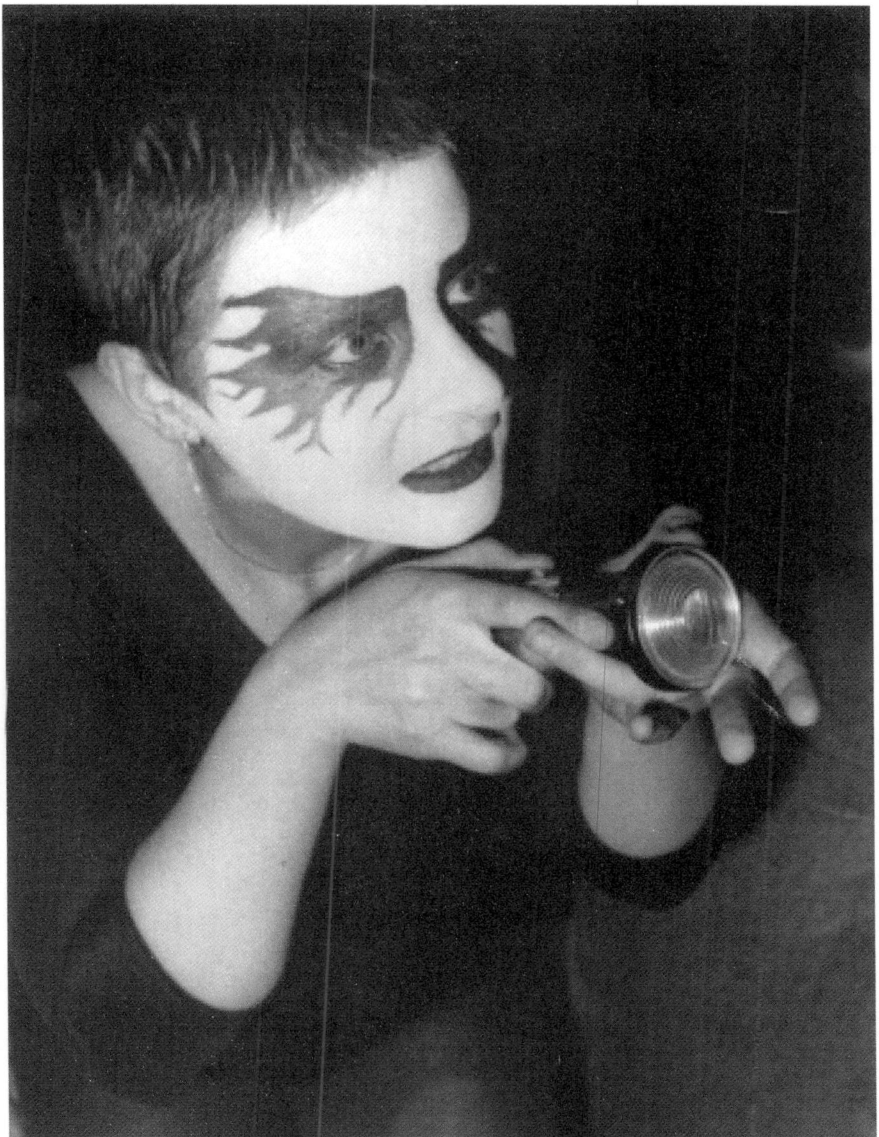

Simona Castelli in *Piccole Infezioni Quotidiane* (Foto di Alessandro Baraldi)

Claudio Rocchi in concerto al Banana Moon (Archivio Bruno Casini)

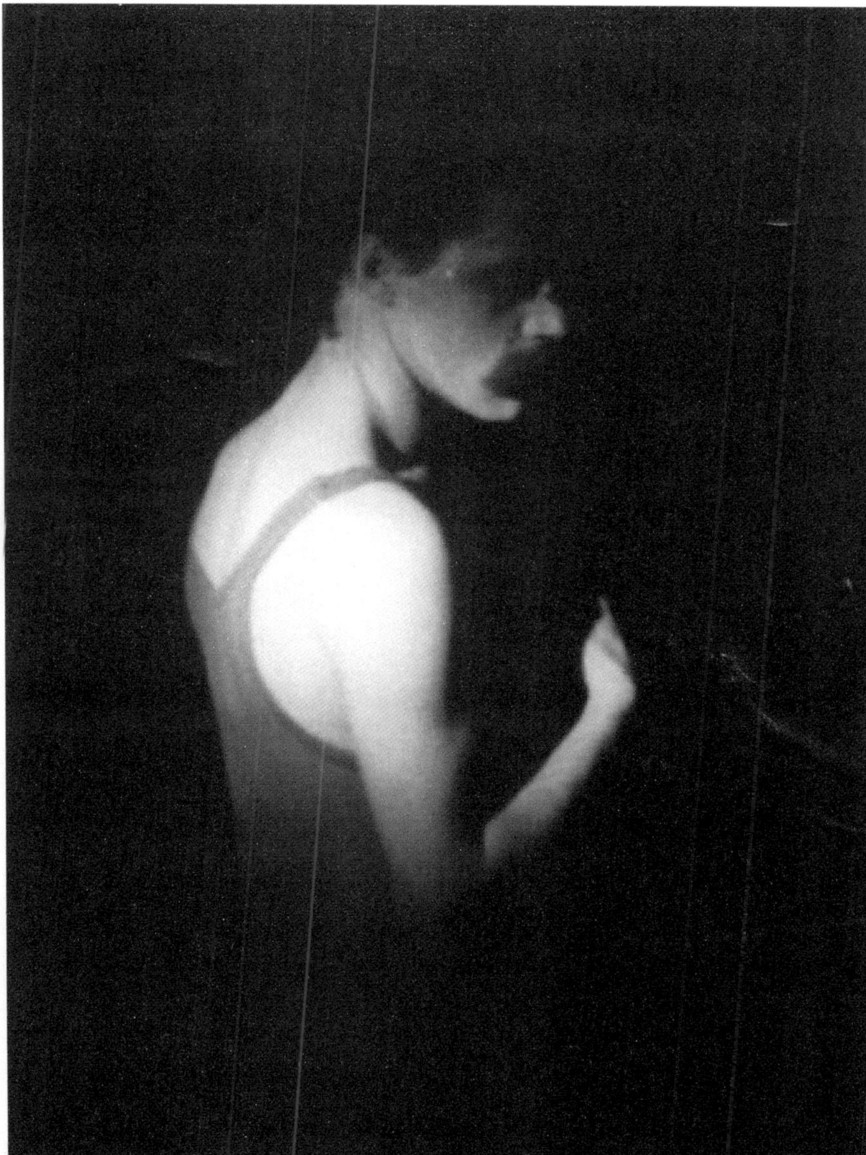

Paolo Romeo in *Piccole Infezioni Quotidiane* (Foto di Alessandro Baraldi)

GazNevada in concerto (Foto di Giuseppe Atanasio)

Arrivano gli Skiantos

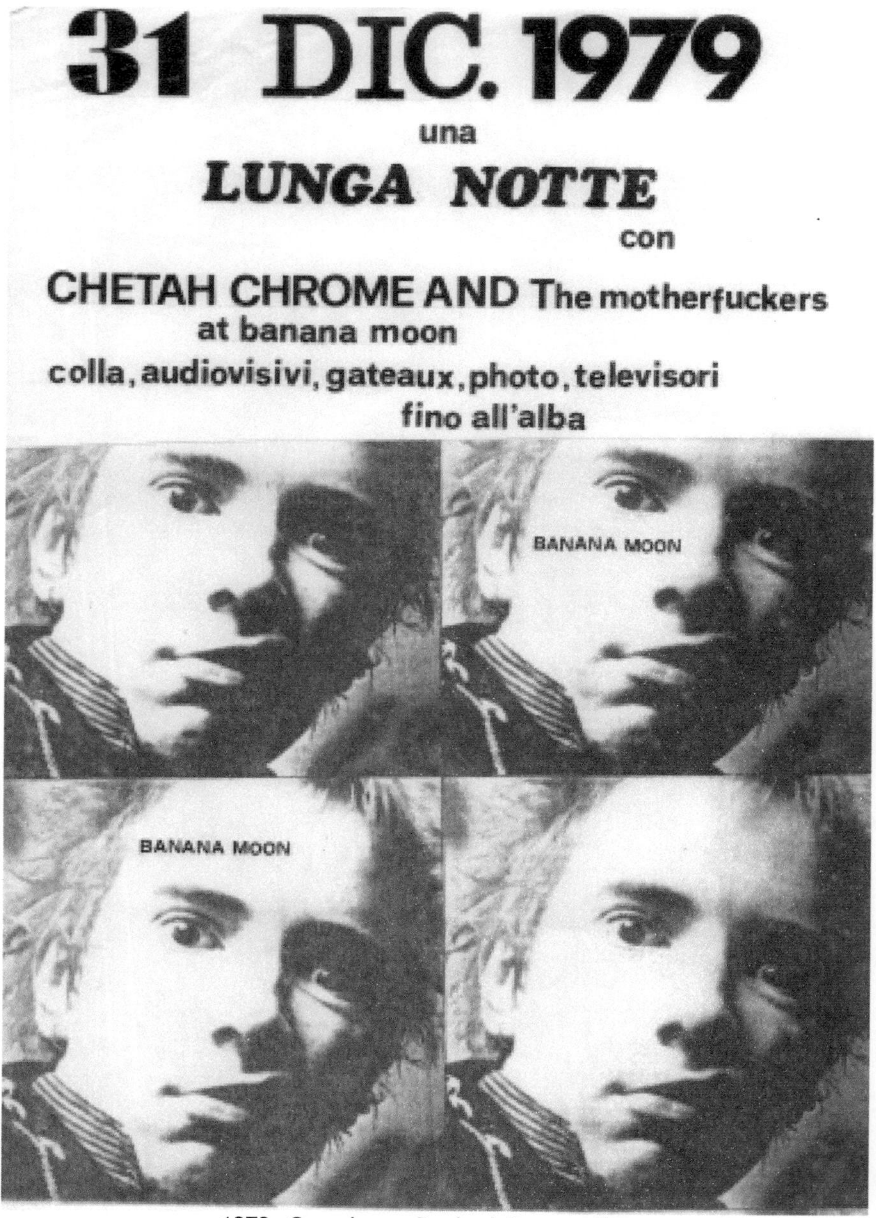

1979: Capodanno Punk al Banana Moon

Le mitiche locandine del Banana Moon

1977, Firenze: Facolta di Lettere occupata

Francis Kuipers e Gianfranco Colletta in concerto (Archivio Bruno Casini)

Il teatro diventa rock: *Elettricità* (Foto di Paolo Atzeni)

I PROTAGONISTI

Farsi le ossa
di Riccardo Pangallo

A quell'epoca si poteva far conto su dei luoghi, come il Banana Moon, (ricordo anche "La Macchina del Tempo") in cui era possibile assistere a performance che definire underground sarebbe davvero non rendere giustizia allo spirito di totale spontaneità della sperimentazione di quel tempo. Ricordo un coprofago che, aggirandosi in mezzo al pubblico, faceva annusare agli spettatori quella sostanza, a garanzia dell'autenticità del suo gesto. Non si trattava di cioccolata.

Il Banana Moon rappresentò, in quegli anni, la possibilità per chi lo volesse, di esibirsi di fronte ad un pubblico, di poter mettere a punto qualcosa che avesse a che fare con lo spettacolo e di provare a vedere che cosa succedeva portandolo, per così dire, in scena.

Perché non c'era né un palcoscenico né uno spazio dedicato a chi si esibiva. Lo si doveva condividere fraternamente con gli spettatori, molti dei quali non è che primeggiassero in quanto a sobrietà e quindi poteva anche succedere che uno del pubblico riuscisse a intrattenere più dell'artista. Ma erano imprevisti cui si cercava di far fronte, mettevano alla prova le capacità degli artisti. Era un modo per farsi le ossa.

Riccardo Pangallo, attore e regista, si occupa di teatro. Famosi sono i suoi doppiaggi di personaggi del cinema e della politica andati in onda in varie trasmissioni televisive.

Banana, Luciano and me
di Giampiero Bigazzi

Non ero io che scoprivo quella musica, erano proprio quelle vibrazioni sonore che mi cercavano. Ero avvolto nella cultura che mi portavo dietro. Sornione come sempre. Ma come facevo ad essere indifferente a quelle sollecitazioni? Per quanto chiassoso possa essere stato il suo volume, la musica si faceva discreta: era parte dell'ambiente, per altro scarno, non disturbava i rumori delle parole sussurrate all'orecchio del vicino, come forse avrebbe voluto. Ma l'arredamento rock aveva ancora bisogno, allora come oggi, di appoggiarsi a dei muri. E quelli erano i muri dove rifletteva febbrile quella luna con la forma di banana. Me l'aveva fatta conoscere Luciano Morini.

Lo avevo incontrato solo qualche anno prima, Settantasei forse Settantacinque, quando avevo già quasi una decina di anni di musica alle spalle, gli ultimi epigoni del beat da balera e soprattutto, in quel periodo, molta canzone politica e di tradizione popolare. Io ascoltavo Ivan Della Mea, Luciano già Brian Eno. Non era proprio un musicista (come non lo sono stato mai completamente nemmeno io...), ma un ascoltatore con la sensibilità del produttore, del fabbricatore di musica. Insieme creammo la Materiali Sonori.

Frequentava Firenze più di me. Soprattutto nei suoi angoli più giusti. Forse ci abitava, non ricordo, ma era comunque più avvezzo alle sollecitudini delle notti fiorentine dell'epoca. Erano gli ultimi anni del decennio, già si cominciavano a respirare le tendenze che sarebbero esplose negli anni Ottanta. E al Banana Moon Luciano era di casa. E da lì mi raccontava di Bruno, dei primi tentativi di nuovo rock, di sperimentazione. Ovviamente lo seguivo, in Borgo Albizi, ma lui era più avanti: Battiato, Cacciapaglia, Rocchi, gli Skiantos. Io restavo fra il folk e il finale di una partita politica iniziata precisamente dieci anni prima.

Il 14 febbraio del '79 al Banana si esibirono Guido Bresaola e Paolo Lotti, contrabbasso solo e sax solo. Qualche mese prima Luciano aveva preparato i loro due dischi di debutto, il Maso LP 002 e il Maso LP 006. Oggi, se qualcuno li ascoltasse ancora, apparirebbero come incredibili e sotterranei aneliti di vita.

Giampiero Bigazzi, musicista, produttore e giornalista, è fondatore della Materiali Sonori.

È PASSATO TANTO TEMPO E ANCORA SE NE PARLA
di Riccardo Chiarini

Stavano per iniziare gli anni '80 e a Firenze il Banana Moon era già un mito consolidato. In questo periodo non erano ancora entrate in vigore le attuali norme sulla sicurezza dei locali pubblici e ogni buco o scantinato in città era adatto per fare un club, il Banana non si discostava da questa regola, comunque non era tra i peggiori, almeno era a piano strada!

Aveva comunque tutte le carte in regola: era uno strano fondo di un bel palazzo del centro città, abbastanza buio, fumoso e rumoroso. Dalla sala principale si accedeva in alcune stanzette dove, si diceva, accadessero cose inenarrabili.

E per esaltarne l'atmosfera underground e trasgressiva ogni tanto la Questura programmava una simpatica retata della polizia che interrompeva sul più bello lo spettacolo in corso.

Di tutte le emozioni e le opportunità che il Banana potesse offrire alla sua affezionata clientela a me interessava la parte musicale, assolutamente fantastica sia nelle selezioni musicali dei dj che nei concerti. Tanti artisti poi diventati i protagonisti degli anni '80 sono stati anteprime sconosciute al Banana. Il grande motore del club era Bruno Casini, il più informato, il più all'avanguardia, il fine conoscitore di stili e movimenti, il talent scout di artisti, insomma il più cool della Firenze di allora. Se volevi sapere, fare o organizzare qualcosa in linea con i tempi, dovevi chiedere consiglio a lui.

Vorrei solamente ricordare alcuni concerti da considerare storici: GazNevada, Neon, Raf con i suoi Cafè Caracas – emozionanti quasi come il primo concerto dei Police – e Alberto Camerini. E molto divertente fu la performance *Elettricità* ideata e diretta da Bruno con il coinvolgimento di tanti amici dell'epoca. Un grande grazie a Bruno Casini e al suo staff per averci regalato "per i nostri vent'anni" un club da ricordare anche adesso.

Riccardo Chiarini, operatore culturale, ai tempi del Banana Moon lavorava a Controradio.

Il Banana Moon, un mondo alla rovescia
di Angelo Savelli

Mi ricordo di un androne in pieno centro, in Borgo Degli Albizi. Il modo in cui si entrava aveva qualcosa di esoterico, di misterico; si entrava in un'altra cosa rispetto alla Firenze che conoscevo e che avevo lasciato cinque metri prima. Era come entrare nello specchio di *Alice nel paese delle meraviglie* e ritrovarsi in un mondo alla rovescia. Alla rovescia rispetto al mio e non, immagino, rispetto a quel coacervo, molto coerente ed omogeneo, di decine di personaggi o artisti di una Firenze creativa e ricca di fermenti culturali che affollavano quello spazio alternativo. Quando io passavo questo "specchio" e mi ritrovavo di là, entravo in una dimensione che non mi apparteneva e quindi lo vivevo con curiosità ma anche con un po' di paura. Eppure, allo stesso tempo, trovavo una familiarità, un'accoglienza, un calore che il mio preconcetto non mi faceva prevedere; mi preparavo a chissà quali durezze, chissà quali trasgressioni per poi alla fine ritrovarmi in un luogo estremamente piacevole. Lo frequentavo esclusivamente per un motivo: perché lì c'era Bruno Casini. Era il mio modo per restare in contatto con lui, era lui il Caronte che mi traghettava in questi "fiumi infernali" che poi alla fine si scoprivano languide sponde dove potevi trovare i colori dell'amicizia, dell'accoglienza, dello stare bene insieme; con tanti ingredienti curiosi tra cui soprattutto delle musiche di altri pianeti, rispetto alle mie abitudini. Ogni volta che entravo li dentro era l'occasione per l'incontro con qualcosa, fosse un vestito, una decorazione, una musica, un essere umano che erano altro da me e quindi molto stimolanti, una maniera per visitare altri territori restando a casa mia.

Diversamente dalla maggior parte di quelli che lo hanno frequentato e vissuto, io credo di avere avuto con questo locale un rapporto curioso, particolare; un rapporto non di adesione totale però assolutamente positivo. Un luogo che nei miei ricordi ha comunque il sapore di uno spazio non negativo, non angoscioso, che mi ricorda tutte cose abbastanza belle e piacevoli.

Firenze 1977: il mio giudizio non è oggettivo ma profondamente partigiano. La Firenze degli anni '70 rappresenta una fase elettrica, straordinaria, incandescente, della mia vita: l'incendio della mia passione teatrale e sentimentale. Una Firenze piena di luci, meravigliosa, una città dove c'era tutto, si vedeva tanto teatro, tanta musica, tanti giovani, si stava in strada dalla mattina alla notte, ci si incontrava in Porta S. Maria, sotto gli archi di Ponte Vecchio, c'erano i figli dei fiori, già un po' decadenti, c'erano i grandi intellettuali, con una naturalezza assoluta una sera eri a sedere in una piazza con qualche ragazzotto con la chitarra e la sera dopo eri dentro qualche casa a cena con Jack Lang o con qualche gallerista o pittore importante. Mi sembra di vedere una fotografia dei miei anni migliori. In quegli anni non sognavo affatto di andare a Londra o a New York. Ci sono andato davvero e a lungo a New York, ma poi sono ritornato molto volentieri a Firenze. Anni molto positivi, sicuramente creativi. Una città con tanti difetti, tanti limiti ma che a me piaceva moltissimo, perché allora stavo iniziando la mia avventura artistica, la mia liberazione sessuale. Era uno scenario eccezionale, il migliore dei mondi possibili, una scenografia incredibile che mi ha accompagnato fino ai faticosi anni '80.

Al di là delle mie impressioni personali, credo che quello sia stato un momento culturalmente alto per la città, con tutto quello che ospitava o che nasceva nella città stessa, come i vari gruppi teatrali che ancora vi lavorano e producono con successo, con le tante esperienze musicali e artistiche, con i grandi eventi come Moore o Kantor. E poi c'era anche il Banana Moon.

Angelo Savelli, fondatore e regista stabile della compagnia Pupi e Fresedde - Teatro di Rifredi.

Tre Caramelle al Mughetto al Banana Moon
di Roberto M. Polce

"L'art, mes enfants, c'est d'être absolument soi-même"
(Paul Verlaine)

Siamo stati una delle ultime fiammate degli anni Settanta, quegli anni formidabili in cui la decrepita Europa si rifaceva il trucco e si abbigliava a nuovo per incedere ancheggiando nel nuovo millennio. La grande fiumana della contestazione giovanile pura e dura si era dispersa in mille rivoli, tanti quanti erano le esigenze e i bisogni di chi vi prendeva parte, e noi, gay e lesbiche, sguazzavamo allegramente in uno di questi – quello più radicale, ci piaceva pensare. Eravamo un drappello sparuto, poche decine in tutta Italia, non eravamo in grado di stanare e mobilitare le migliaia di "velate", come le chiamavamo spregiativamente, che se ne stavano ben mimetizzate fra le pieghe della normalità. I tempi non erano ancora maturi per un movimento di massa, la pressione e l'ostracismo della società normale troppo pesante da sopportare per spiriti men che temerari. Le suffragette, le lobby, le castro street, i coming out, i pride con migliaia di orgogliosi erano parecchio di là da venire. Sarebbero dovuti scorrere sotto i ponti ancora fiumi di saune, discoteche e annunci di "cuori solitari", prima che si formasse un tessuto diffuso e compatto di gay consapevoli e sufficientemente coraggiosi da poter riempire qualche piazza italiana. Eravamo pochi, e perciò l'unico modo per farsi sentire era... farsi vedere! Anziché nascondersi, mostrarsi – anzi, di più: mettersi in mostra, provocare assumendo e accentuando proprio quegli aspetti per cui ci deridevano.

Ci chiamavano spregiativamente froci, checche, culi, bu'aioli, ricchioni, puppi, e noi chiamavamo noi stessi froci, checche, culi, bu'aioli, ricchioni, puppi. Loro imitavano noi scheccando, e noi imitavamo loro che imitavano noi scheccando ancora di più. Ci mostravamo fieri proprio di ciò che per tutti era deplorevole e ridicolo, e in questo modo ottenevamo due importanti risultati: spuntare le loro armi e far parlare di noi, offrendo spunti ai mass media (almeno quelli più preparati e ricettivi) per affrontare la questione e pian piano far giungere il messaggio e un po' di speranza anche negli angoli più sperduti dell'intanfito stivale.

Fu così che, nel giro di pochi mesi, sull'esempio dei più avanzati Paesi Oltre (Oltralpe, Oltremanica e Oltreoceano), il nostro modo di far politica virò repentinamente dall'eroico al teatrale. Nel 1977 la compagnia teatrale Nostra Signora dei Fiori con lo spettacolo *La Traviata Norma, ovvero: Vaffanculo... Ebbene sì!* aveva gremito alcuni teatrini off di Milano e Roma. Dalla disintegrazione di questa fulgida meteora germogliarono diverse esperienze analoghe che negli anni seguenti diffusero in giro per l'Italia il verbo della liberazione a suon di rossetto e tacchi a spillo. Fra le tante, un momento di gloria toccò anche alla nostra piccola compagnia Caramella al Mughetto, che allestì uno spettacolino dal titolo *Al maschio non fare sapere*. Il recital debuttò a Milano e quindi giunse in tournée al Banana Moon, dove poco prima era passato con il suo spettacolo Mario Mieli. Correva la tarda primavera del 1978, se non ricordo male.

Eravamo fra i più giovani di Nostra Signora dei Fiori, poco più che bambini, e il nostro spettacolino (forse sarebbe più consono chiamarlo "rivistina") non difettava di ingenuità e dilettantismo, ma offriva una curiosa miscela di piccoli sketch intervallati da canzoncine italrock, cantate da Gimmi Onano, che scandivano una burrascosa e "insana" passione fra una "checca" iperpoliticizzata che snocciolava battaglieri versetti dal *Manifesto per l'eliminazione dei maschi* di Valerie Solanas e un sedicente "maschio" di Lotta Continua che replicava a colpi di citazioni dal *Libretto Rosso* di Mao. Il maschio era impersonato da un Fulvio Ferrari in grande spolvero quasi credibile nel suo ruolo, mentre la travestita, manco a dirlo, ero io - su alti trampoli e abbigliata solo di calze, giarrettiera e guepière, in stile *Rocky Horror*, che allora iniziava la sua sfolgorante carriera di film di culto. Finale truculento ma politicamente corretto (dal nostro punto di vista) e quindi tutti a tirar mattina sulla pista da ballo del vicino Tabasco o in cerca di avventure sui viali delle 'Ascine.

Per noi che venivamo da Milano, il Banana Moon fu un'autentica sorpresa. Eravamo convinti che fuori dalla metropoli lombarda non vi fosse "civiltà", e qui invece trovammo un luogo di ritrovo, politica e cultura che Milano all'epoca neanche si sognava, fatta forse eccezione per il Macondo. Un luogo dove si poteva, in un'atmosfera vivace ma rilassata, mangiucchiare qualcosa e ascoltare un concerto, bere tè o vino e guardare una mostra o uno spettacolo, e aggiustare il mondo. Intorno, il centro storico di Firenze non ancora stremato dai turisti, e a mezz'ora di treno una Prato non ancora colonizzata dai cinesi, dove si andava, noi di Caramella al Mughetto e la mitica Fiorella - autorevole ma tenerissima "maîtresse" del Banana Moon - a folleggiare nei capannoni stracolmi di vestiti usati a caccia di una struggente veletta d'antan, di un vaporoso boa di struzzo dal colore improbabile, di un corpettino scintillante di strass e paillettes. Capi superflui assolutamente necessari in quella breve, felice stagione in cui il teatro e la vita avevano smesso per un attimo di essere antonimi.

Roberto M. Polce è stato attivo nel movimento gay italiano degli anni Settanta e ha fatto parte della compagnia Nostra Signora dei Fiori. Oggi si occupa di fotografia e letteratura di viaggio.

Banana Moon. Incantesimo Berlinese
di Giancarlo Riccio

Se una cantina o un garage del cuore di Firenze si trasforma in un locale lungo, buio e stregato, allora occorre parlare di un piccolo incantesimo berlinese di tanti anni fa che è stato il Banana Moon.

Berlinese perché in sintonia con i concetti di febbre, disagio e disincanto della vecchia Capitale tedesca quando viveva ancora la schizofrenia del Muro. E berlinese anche perché felicemente e impetuosamente mitteleuropea. Con un pubblico che raggiungeva il locale non lontano da piazza della Signoria con sussiego e curiosità, convinto di trovarsi in un vero Treffpunkt della nuova musica di allora.

Le band bolognesi dell'Harpo's Bazar (Gaz Nevada, Wind Open ma anche gli stessi Skiantos) hanno suonato al Banana Moon. Ma vi hanno anche dormito, scherzato e creato un ambiente ribelle ma non aggressivo, inedito ma non ermetico, dirompente ma non chiassoso a tutti i costi.

Il Banana Moon, allora, è stato al centro di un sortilegio della musica e delle new art italiane di allora ma, forse, ne è stato anche l'innesco, il punto di partenza. Chi gestiva il locale e la programmazione ha sempre alimentato un'apertura intellettuale basata anche su tanti bellissimi rapporti personali, su un'insormontabile curiosità, sul desiderio di inseguire le cose più nuove con una leggerezza che solo Italo Calvino, Lou Reed e Nina Hagen avrebbero potuto interpretare al meglio. Nessuno di loro ha letto, cantato e suonato al Banana: ma è come se lo avessero fatto. Tanto i loro fantasmi inquieti e poco rassicuranti hanno aleggiato nel locale durante centinaia di live act indimenticabili. Il pubblico di allora beveva cose buone e inseguiva nel buio silhouttes, suoni e luci "post-psichedeliche". Nessuno, lo crederete?, ha saputo fare di più.

Giancarlo Riccio, giornalista e critico musicale, scrive di politica interna per il quotidiano Libero e collabora con i programmi di approfondimento di Radio 3 Rai.

Grazie, Banana Moon
di Nicola Vannini

Ero poco più che adolescente e il tran tran abituale cominciava a starmi stretto. Ho sempre avuto una certa curiosità per la ricerca di cose che andavano oltre. Alle feste che facevamo in casa, ero l'unico che portava dischi di Finardi, Sorrenti oppure Pink Floyd, Genesis o King Crimson; gli altri Baglioni, Pooh etc...

Il sabato sera c'era la discoteca, dalla quale cercavo sempre l'alternativa, non mi piaceva e non ci andavo quasi mai.

Durante il mio girovagare per negozi di dischi, mi imbattei in Contempo, mi si aprì un altro universo, tanta musica non stereotipata, potevo sfamarmi di tutto quello che leggevo sulle riviste, sentire con orecchio quello che leggevo. Nel negozio incontravo spesso un ragazzo con i riccioli e i baffetti che ascoltava sempre un sacco di dischi: "fa il dj al Banana Moon, quel locale qui dietro". Cosa? Un locale che passa questa roba? È il mio locale!

La prima volta che ci andai avevo il batticuore, mi sembrava di essere il protagonista di Quadrophenia quando va alle feste. Faccia soddisfatta e una certa sensazione di essere accomunato agli altri da una passione: la musica. Oppure mi veniva in mente Dante quando entra all'Inferno, per il pertugio che dovevamo passare e per i colori delle pareti nere illuminate dalle luci rosse.

Il posto era abbastanza fetido ma a me sembrava il posto più bello del mondo. Le pareti erano nere, ma sembrava che risplendessero. Appollaiato in un ballatoio c'era Bruno a mettere i dischi e la musica: finalmente il posto che cercavo, il mio posto!

Ci ho passato tante nottate ad ascoltare musica, a ballare, vedere i concerti dei primi gruppi fiorentini e non, i Neon, i GazNevada, i Confusional Quartet, i Take four doses...

Quando si sparse la voce che Il Banana Moon chiudeva, ci rimasi molto male e fu così che nacque la Rokkoteca Brighton. Si, nacque perché chiuse il Banana, avevo nostalgia di posti del genere. Da quel punto si è poi dipanata tutta la mia vita, la musica è diventata molto importante e sicuramente parte del merito lo devo alla frequentazione del Banana. Per cui: grazie Banan Moon, grazie Bruno!

Nicola Vannini, musicista e discografico, negli anni '80 è stato il primo cantante dei Diaframma. Poi si è inventato Soul Hunter. Dirige con rigore e creatività l'Audioglobe di Firenze.

Un luogo dell'anima
di Alberto Pelò

Un luogo dove non sono mai stato. Il Banana Moon è per me più un luogo dell'anima (quindi presente), che uno spazio fisico al quale dover ricondurre la storia (purtroppo passata) di una parte della musica suonata e della vita vissuta a Firenze.

"Scender le scale sfiorando il muro non dare importanza a chi passa vicino, cercando qualcosa di indefinito la notte svanisce al piano di sopra...".

Agli albori *Amsterdam*, splendido giglio sonoro fiorito nel giardino del poeta new wave Federico Fiumani, si intitolava proprio *Bananamoon* le cui liriche di rara bellezza non rimandavano a un amore finito, a una donna ideale o alla landa desolata "dove il ghiaccio si confonde con il cielo e con gli occhi" (appartenenti alla poetica dei fiorentinissimi Diaframma), ma al locale di Borgo degli Albizi, una delle tante vie di Firenze dark e misteriosa.

L'ho percorsa più volte sognando di essere nel 1977 e di andare trovare Bruno Casini, che mi aspettava disteso sui cuscini afgani intento a leggere qualche bel libro o a dispensare alla consolle qualche delizia sonora rigorosamente in formato vinile. La storia del rock è anche la storia dei locali e delle persone che riempiendoli (a volte no...) hanno contribuito a celebrare quel rito sacrale e pagano chiamato concerto.

No computer. No fucking overdubs. Solo l'anima nuda sul palco.

Il CBGB a New York, l'Electric Circus a Manchester, il Paradiso ad Amsterdam hanno dato voce e spazio a chi non ne aveva e non poteva averne, in quanto non sfiorato dall'ala del successo. Il Banana Moon è stato, non solo per Firenze, la causa di tutto ciò che di positivo è poi deflagrato all'inizio degli anni Ottanta nella musica rock, nel teatro e nel cabaret. Una questione di karma?

GazNevada, Skiantos, Benigni con Carlo Monni, Mario Mieli e tanti altri nomi da sciogliere in un mantra per elevarsi verso il mito.

Solo la mente freak-avantgarde di Bruno Casini poteva concepire uno spazio multimediale (siamo nel 1977!) dove potevano convivere musicalmente le visioni onirico-new age dei Tangerine

Dream, il cantautorato screziato di jazz e di blues di Joni Mitchell con l'elettroavanguardia dei Kraftwerk!

Ieri sono passato in Borgo Albizi. Era il 2 marzo 1977. Sono entrato al Banana Moon per l'inaugurazione. Dentro c'erano anche l'elettropioniere Marcello Michelotti e Piero Pelù già Pierotten Punk. L'inquieta sagoma di Federico Fiumani si aggirava nervosamente nel locale facendo brillare nel vuoto-buio l'ennesima sigaretta. Lo sguardo rivolto al prossimo verso da vivere prima di diventare inchiostro.

Eroi che il vento del Banana Moon scaglierà presto con forza verso un sogno chiamato gioventù.

Alberto Pelò è nato nel 1967 a Piacenza e lì vive. Originario di Montale (Pistoia) è uno studioso e appassionato collezionista della new wave fiorentina. Promoter, talvolta.

Il Banana Moon: un astronave di sogni
di Claudio Gherardini

Il Banana Moon fu come un miraggio nelle tenebre di questa città, vittima da secoli di un abnorme "Effetto Medici".

Quelli erano anni nei quali per bere una birra non italiana bisognava andare all'estero (anche Bologna era estero). Figurarsi cosa bisognava fare per sentirsi davvero vivi e "a contatto" con quello che accadeva altrove, sapere cosa si suonava a Londra o Amsterdam. I musicisti fiorentini ormai non suonavano più allo Space e non sapevano dove suonare a parte le fetide cantine strappate all'intolleranza dei vicini.

Il Banana Moon era un luogo quasi sacro per chi come me non aveva dimestichezza con le grandi metropoli europee o americane dove l'"Underground" era ormai fatto acquisito. Una "grotta" delle meraviglie con un soppalco volante sul quale potevo solo sognare di salire almeno una volta.

Si entrava da un portone quasi normale che era in effetti una specie di "stargate" che permetteva di passare dalla Storia alla storia, cioè dal passato opprimente, dall'esagerato patrimonio artistico e bottegaio della Firenze avviata ormai a divenire la Disneyland caotica e puzzolente che è oggi (governata con abilità dalle colline protette), al presente di allora, fatto di emozioni, brividi, paure ed ebbrezze. Presente che era la musica e l'arte degli anni '70 che volgeva ormai sulla china degli '80. Eravamo alla sorgente ancora pura della voglia di fare e di dire senza calcolo, la voglia di riconvertire le energie residue, dopo le sconfitte "politiche", in qualcosa di dirompente per dimostrare che c'eravamo ancora nonostante i governi democristiani e le Br, passando per la provvidenziale fine di Lotta Continua.

Eravamo sani e il Banana era il primo palcoscenico fiorentino dal quale lo si poteva urlare.

Ricordo bene il concerto dei Cafè Caracas, chitarra, basso e batteria, come i Police mito del momento, erano Ghigo Renzulli, Raf e Renzo Franchi. All'uscita del travolgente set ci dicemmo che quelli avrebbero fatto strada. Ma tante furono le serate nelle quali "si passava" dal Banana come tappa obbligata per chi voleva assaporare una notte giusta.

Dopo il Banana niente gli assomigliò più. Gli '80 arrivarono e travolsero tutto in un delirio di onnipotenza, onnipresenza e gigantismo edonista che cancellò quasi completamente ogni genuinità preparando la Milano da bere e la fine della prima repubblica.

Il Banana Moon restò un'astronave di sogni, evoluti e primitivi al tempo stesso, alla deriva nello spazio e probabilmente sta ancora da qualche parte lassù tra le stelle.

Claudio Gherardini, giornalista radiofonico e web. Ha fondato il mensile "Stress" negli anni '80. Ha collaborato, dal 1977, con l'emittente Controradio.

Fluire in libertà
di Andrea Tamassia

Un'immagine nitida nella mia mente è senz'altro quella sulla parete destra della sala: appeso in alto il vestitino bianco di una bambola sul fondo tutto nero! A prima vista poteva venire in mente un film di Dario Argento, ma poi l'atmosfera che si "respirava" era di tutt'altro genere.

Il mio gruppo, gli Zeit, cominciava a girare più insistentemente vari locali, ma dato il genere musicale che proponevamo, eravamo alla ricerca di luoghi dove si potesse vivere, per quanto possibile, dei momenti di creatività. Non eravamo infatti ancora presi da pensieri di produzioni, promozioni e quant'altro, ma dall'aspetto di un proprio arricchimento, tramite anche la conoscenza di altre esperienze e proposte di personaggi che incontravamo lungo la nostra strada musicale.

Ed è innegabile che il Banana Moon, in modo sincero, fu ricettacolo di svariate menti volte a questo orizzonte; personalmente mi piaceva andare a suonare quanto essere spettatore di serate che difficilmente sarebbero state replicabili in altri luoghi a Firenze.

Non è un caso che alcuni musicisti che ho stimato come comunicatori, con musiche e stili assolutamente di valore, siano passati di lì, e lì a volte li abbia conosciuti per la prima volta.

Una cosa importante è stata proprio il fatto che al Banana si era nel luogo giusto dove partecipare a serate, dove anche l'improvvisazione musicale tra artisti diversi, quella sentita fortemente, poteva fluire in libertà. E quel tipo di libertà l'ho cercata invano poi per lungo tempo.

Andrea Tamassia è uno dei fondatori degli Zeit. Grande conoscitore di musiche del Mediterraneo, attualmente si occupa di service tecnici per festival e concerti.

Fuori dalle regole
di Marco Lamioni

Gli Insieme al Banana Moon (10 febbraio 1977): Nico (Vernuccio), Daniele (Trambusti), Francesco (Maccianti) e il sottoscritto Marco Lamioni.

È passato molto tempo e si tratta di ricordare qualcosa di quando eravamo quasi adolescenti; questa, a ripensarci oggi, è anche una caratteristica che rendeva il gruppo particolare: eravamo diciannovenni e già alla fine di un percorso che aveva dato risultati.

Quello del Banana Moon è stato uno degli ultimi concerti, ormai facevamo del jazz e suonavamo anche standards. Il ricordo è quello di un posto molto fuori dalle regole e noi ne eravamo anche un po' intimiditi. Suonammo in maniera molto informale, non c'era palco, la gente stava accanto a te e ti guardava assorta, ascoltando qualsiasi cosa tu suonassi facendoti sentire importante, c'era anche un'atmosfera di divertito sballo e io personalmente ne ero affascinato.

Ricordo di aver pensato che c'era gente "grande", come si dice da ragazzi, che casomai aveva venticinque anni ma mi sembrava che la sapesse già lunga.

Fu tutto molto divertente.

Marco Lamioni, musicista e produttore, da diversi anni produce molti gruppi tra cui Mondo Candido, Les Italiens e Gazzarra. Pubblica da solista album a suo nome, il più recente *Slow* (2003) con Hector Zazou.

Wind Open, "Sei in Banana Moon"
di Roberto Terzani

A Bologna avevamo locali rock fantastici come La Camera o il Punkreas dove i gruppi potevano suonare regolarmente, ma appena si sparse in giro la voce che a Firenze c'era un locale altrettanto forte tutti volevano andare a suonarci.

Fu Roberto Freak Antoni degli Skiantos a procurarmi il numero di telefono di Bruno Casini che gestiva allora il Banana Moon. Bruno, che in qualche modo aveva già sentito parlare di noi, al momento della chiamata mi disse: "Ah, certo, i 'famosissimi' Wind Open! Dovete assolutamente venire a suonare qui al più presto!".

Gasati come pochi, noleggiammo un furgone per gli strumenti e partimmo per il nostro primo concerto "fuori casa".

La nostra conquista del mondo sarebbe dunque cominciata da Firenze e dal Banana Moon.

Grande momento. Improvvisamente sembrava che tutto potesse diventare davvero possibile.

Proprio roba d'altri tempi. Tempi in cui la musica era molto più di uno spot pubblicitario o di una suoneria telefonica!

Roberto Terzani, musicista e produttore, alla fine degli anni '70 militava nel gruppo bolognese Wind Open. Vive e lavora a Firenze.

Suoneranno al Banana Moon
di Raffaello Carusi

Entra nello studio di Radio Cento Fiori mentre la mia trasmissione è in onda, un'ora quotidiana e pomeridiana di ascolti punk/new wave chiamata "Rockerilla" grazie a un gemellaggio che Diego Semeria e Luca Venturi si erano inventati con l'omonima neonata (allora) rivista.

Mi porge un 45 giri, dopo aver segnato un appunto nel poco bianco di una copertina nera. Sono gli Underground Life, non li conosco: "Suoneranno sabato al Banana Moon, sono di Monza".

Per noi di "Rockerilla" il Banana Moon era non solo il luogo fiorentino in cui assorbire i fermenti innovativi ma il trait d'union con tutto il movimento "wave" italiano. I Neon, i Litfiba, i Diaframma, poi. O.k.

Ma non volendo essere campanilisti avevamo in Bruno Casini e la sua indomita apertura mentale il nostro ideale Ministro degli Esteri: dai GazNevada ai Luti Chroma ai Take Four Doses...

E molti altri sarebbero arrivati, senza quel meledetto repentino "stop".

Raffaello Carusi ha fatto parte della redazione di Radio Cento Fiori a Firenze. Per tanti anni ha collaborato con il mensile "Rockerilla".

Calendario e programmi al Banana Moon: 1977-1980

1977

Marzo
2/7 - Spettacolo teatrale. Dominot e Milly Migliori in "Labirinto N. 1"
10 - Jazz-rock. Insieme in concerto
16 - Chris T del Living Theatre in "Working" e Quartetto Jazz Bacco in concerto
18 - Folk inglese con Mauro Rendina e Richard Sherwood in concerto
23/27 - Gay Cabaret con Alfredo Cohen
30/31 - Zeit in concerto

Aprile
2/3 - Mr. Blues in concerto
9/10 - Spettacolo del Teatro Emarginato
10 - Fuori programma, arriva Roberto Benigni
13 - Meeting Jazz. Gruppo Pennasino in concerto
15/17 - Recital. Ivan Cattaneo in concerto
20 - Musica latino-americana. Guguanco in concerto
27/29 - Claudio Rocchi in concerto
30 - Roberto Cacciapaglia in concerto

Maggio
1 - Roberto Cacciapaglia in concerto
7/8 - Francesco Messina in concerto
11/12 - Mr. Blues in concerto
13 - Cinema. "I tulipani di Harlem"
14/15 - Performance Teatro Emarginato
18 - Cinema. "Sussurri e Grida"
19 - Concerto. Pupi e Fresedde
20 - Cinema. "Morte a Venezia"
21/22 - Performance sonora con Albert Mayr, Gianfranco Gentile, Gianfranco Cavaliere, Guido Bresaola, Marina Brizzi, Umberto Pellegrini, Lelio Camilleri
25/26 - Jazz Avanguardia. Napo in concerto
28/29 - Riccardo Pangallo in "Mr. Ollagnap"

Giugno
1/2 - Recital di Giovanni Pescatori
4 - Lino Gorlero in "L'incubatore". Laboratorio Musicale e teatrale
5 - "Musica per un villaggio universale". Concerto con Marino Vismara
8 - Cinema. "La vendetta di Ercole"
9 - Cinema. "Ursus nella Terra del Fuoco"
10 - Cinema. "Maciste contro lo sceicco"
11 - Jam Session. Panettone in concerto
15/16 - Folklore internazionale. Recital di Fabio Monsignori e Rob Saunders
17/19 - La Compagnia Caramella al Mughetto presenta "Al maschio non far sapere"
22 - Cinema. "Butch Cassidy"

24/25 - Koncerto. Session del Teatro Emarginato di Roma
26/27 - Sea Ensemble con Don Raphael Garrett e Suzaan Fasteau in concerto

Luglio
1/3 - Gay Rock. Dirty Lovers Band in concerto, da Cremona

Settembre
21 - Apertura del Banana Moon. Nuova stagione
24/25 - Teatro. Cacofonico Clown Theatre
28 - Jazz Bakunin in concerto

Ottobre
1/2 - Jazz Machine in concerto
5 - Andrea Tamassia in concerto. Folklore turco
6 - Zeit in concerto. Musica e immagini
7/9 - Trio Cavallanti con Roberto della Grotta (contrabbasso), Filippo Monico (batteria) e Daniele Cavallanti (sax tenore, sax alto)
12/13 - Riccardo Pangallo in "Mr. Ollagnap"
14 - Quartetto Firenze Jazz in concerto
19 - Francesco Battaglia e Stefano Mazzoni in concerto. Iterazioni elettroniche
20/22 - Da Londra Rank in concerto
28 - Musica indiana. Antonio Cerantola (ex Aktuala) in concerto
29/30 - Dimitri Golowaskin in concerto

Novembre
2/3 - Mr. Blues in concerto
4/6 - Centro d'Urlo Metropolitano, Un dito in culo, Un mitra in Mano in concerto
9/10 - Jazz. Trio Tre in concerto. Con Edoardo Ricci (sax e clarinetto), Vittorio Tronfi (contrabbasso) e Stefano Bambini (batteria)
11/13 - Rassegna "Frocio è Bello". La Compagnia Immondella Elusivi e Mario Mieli in "Questo spettacolo non s'ha da fare. Andate all'inferno" con Mario Mieli
18/20 - Recital di Jimmy Onano del Collettivo Omosessuali Milanesi
23/27 - Cinema. Rassegna "Erotika Cinema"

Dicembre
1 - Musica Artigiana in concerto
2/4 - Folk. Francis Kuipers in concerto
7 - Rassegna super 8 con "Parco Lambro" di Alberto Chiti e "Impressioni a distanza" di Luca Ferro
8/11 - Gruppo Teatrale Agave in "Training per attore"
14/15 - Zeit in concerto. Musica Mediterranea
16/17 - Ivan Cattaneo in concerto
22/23 - Recital di Silvano Pantesco
25 - Cinema. "Orfeo ed Euridice" di Rodolfo Meli
28 - Festa Beat. Tigers in concerto. Proiezione del film "Non stuzzicate la zanzara" con Rita Pavone
31 - Capodanno con il Cacofonico Clown Theatre

1978

Gennaio
4 - Cinema sperimentale con Rodolfo Meli
6/8 - "Forse per un gesto di Pier Paolo Pasolini". Azione teatrale di Dominot. Proiezione del film "Edipo Re" di Pier Paolo Pasolini
11 - Cinema. "Viale del Tramonto"
12 - Cinema. "L'uomo dal banco dei pegni"
13 - Cinema. "Il re del jazz"
14 - Jazz. Bakunin in concerto

Febbraio
1/3 - Dalla Francia. Etron Fou in concerto
4 - Cinema di ricerca con Silvio Loffredo
5 - Jazz. Life Force Ensemble in concerto
7 - Punk. Da Ravenna Simbiosi in concerto
10 - "Fissare il tempo". Performance di Luca Ferro
12 - Franco Battiato in concerto
15 - Cinema di sperimentazione. Andrea Granchi
17 - Concerto con Gianfranco Gentile, Nanni Canale e Umberto Pellegrini
18/19 - Trio Cavallanti in concerto
25/26 - "Piccole infezioni quotidiane". Teatro visivo

Marzo
1/2 - Mario Mieli. Performance
3/5 - Claudio Rocchi in concerto
8 - Lino Gorlero. Spettacolo
15 - Cinema. "La noia"
22 - Saltz and Pepper in concerto. Elettronica
25 - Alberto Camerini in concerto
29 - "Michelangelo". Monologo di Antonio Piovanelli

Aprile
1 - "Sesso forse un rito". Monologo di Paolo De Manincor
5/6 - Mr. Blues in concerto
7/8 - La Compagnia "La Recita" di Roma presenta "Re-E-Citazione". Regia di Franco Di Matteo
15/16 - Da Bologna Wind Open in concerto
21 - Jazz. Trio di Bergamo in concerto
22/23 - Jazz. Radu Malfatti (trombone), Sean Berger (sax), Tristan Honsinger (violoncello), Roberto Bellatalla (contrabbasso)
26/30 - Rassegna Cartoni Animati Anni '30-'40

Maggio
3 - Performance di Stefano Fuochi. Intervento Super 8. P.U.M. Primitive Urban Music
5 - Cinema. "Un uomo e una donna"
10 - Kentucky Fried Chicken Boys in concerto

11/12 - Teatro. Marilù Prati in "Bumbulè"
13/14 - A grande richiesta Riccardo Pangallo in "Mr. Ollagnap"
17 - Danza moderna con Matilde Piscitelli e Fiorella Morotti
19 - Guido Bresaola in concerto. Contrabbasso e diapositive
20/21 - Teatro gay. "Nuove regine, vecchie stars". Esperienze di due gay in una casa occupata di Milano. Con Pierangelo Zimmermann e Mario Rovere
27/28 - Peter Cusack in concerto

Giugno
2/4 - Cinema Rock. Proiezione del film "Rock Circus"
8/10 - Cinema. Rassegna dedicata a Mary Pickford

Ottobre
28 - Riapre il Banana Moon. Nuova stagione

Novembre
3 - Musica sperimentale. Orches/duo in concerto
4/5 - "Naked". Recital di Dominot
9/12 - Cinema. Rassegna "Gli Indiani nel cinema americano dal 1898 al 1915"
16 - Joy in concerto. Pianoforte
18/19 - Teatro Vita presentano "Che cosa si vuol dire..."
17 - Proiezione sepolcrale. Film "Dracula il Vampiro"
23 /24 - Jazz Bakunin in concerto
25 /26 - Antonello Salis e Mario Paliano in concerto
26 - Pomeriggio rock. DNA in concerto

Dicembre
1 - Mariella Bettarini in "Fuori dalle gabbie". Performance poetica
3 - Angelo Savelli in "Stella Cometa". Performance
4 - "Ac/cessi. Radiografie ed immagini vietate". Performance di Bruno Casini
7 - Mario Righi in "Horror Gay show". Performance
8/9 - Paolo De Manincor in "Teatro di Babele" di G. Pavanello
10 - Mr. Blues in concerto (pomeridiano e serale)
15/18 - Gay Kitch Bar con Romano Rocchi, Maurizio Musi, la Compagnia Della Giostra (M. Panici, V. Moretti, C. Mapelli e R. Aprea)
29/30 - Kollettivo Teatrale Trousses Merletti Cappuccini e Cappelliere
31 - Cacofonico Clown Theatre in "EOO!". Spettacolo di musica e di mimo. Arrivano dall'Australia

<u>1979</u>

Febbraio
2/4 - GazNevada in concerto
10/11 - Roberto Mazza. Concerto per oboe e corno inglese
14 - Guido Bresaola (viola), Paolo Lotti (ance), M. Piatti (organo) in concerto
16/17 - Orchestrion in concerto
18 - Lino Capra Vaccina. Concerto per vibrafono, marimba, gong e voce

22/24 - Skiantos in concerto
25 - Cabaret con Gli Amnistiati
28 - Sandro Tamburi e Ugo Primadei in concerto

Marzo
2/4 - Teatro Della Pantomima di Bologna
17/19 - Giancarlo Pavanello in "Il poeta nel ghetto" con Aurelio Gravina e Nadia Vergano. Scenografia e regia di Aurelio Gravina
23/25 - Teatro. "Benvenuto Signor Walk" di Milly Migliori

Aprile
3/4 - Jazz. Riccardo Fassi (piano, clarinetto) e Riccardo Lai (contrabbasso)
5/6 - Cinema. "Carnival Funk" di Jane Speiser
11 - Teatro. "Assenze" con Antonella e Laura Fattori. All'arpa celtica Vincenzo Zitello
13 - Musica Mediterranea. Zeit in concerto
19/20 - Jazz. P. Borri (batteria), M. Magrini (piano), A. Zanchi (contrabbasso), F. Sisti (sax)
26 - Alberto Camerini in concerto

Maggio
30 - Musica Primitiva Urbana di Stefano Fuochi e Marcello Michelotti

Luglio
4 - "Stratos Performance" di Bruno Casini. After the flood
14/15 - Cinema. "London Rock Festival"
20/21 - Mr. Blues in concerto

Ottobre
20/21 - Confusional Quartet in concerto
27/28 - Take Four Doses in concerto

Novembre
3/4 - Luti Chroma in concerto
10/11 - Garage in concerto
17/18 - Stray Dogs in concerto
23 - M. G. Group in concerto
30 - Neon in concerto

Dicembre
1 - Neon in concerto
2 - Cafè Caracas in concerto. Ex Radar Controll
7/8 - GazNevada in concerto
15/16 - Susan Fasteau in "Flyng Carpet". Concerto
20/21 - Sniff in concerto
22/23 - Atman in concerto
24 - Romano Rocchi. Mimus Festival Christmas. Mimo su musiche sacre
28/29 - Altair in concerto

31 - Capodanno Elettrico. Cheetah Chrome And The Motherfuckers live. Punk party fino all'alba. Viene passato "Good save the Queen" dei Sex Pistols in continuazione

<u>1980</u>

Gennaio
4 - Jazz-rock. Blue Gardenia Band in concerto con Maurizio Dami
12 - Vinicio Diamanti in "Babalù Show"
19/20 - Cafè Caracas in concerto

Febbraio
2/3 - Sorella Maldestra in concerto
8/10 - Teatro. "Thomas Chatterton" di Giancarlo Pavanello con Aurelio Gravina e Nadia Kent
16 - Concerto Rock. Franco Falsini (chitarra-tastiere), Richard Ursillo (basso), Bronko (batteria).
22 - Cinema. Quattro film di Stefano Bettini (featuring Il Generale)
29 - Teatro. "Elettricità at Banana Moon". Performance strategica anni '80

Marzo
1/2 - Teatro. "Elettricità at Banana Moon". Performance strategica Anni '80
7 - Performance di M. Cozzini e S. Fabbri. Interventi musicali di S. Bartolini, E. Ricci e A. Camiciottoli
8 - "Icogamma". Performance. Musiche live dei Neon
9 - "Un rischio da spendere". Poesia Metropolitana di Meo Cataldo Dino

Aprile
5 - Teatro. Nadia Kent in "I fanciulli decaduti"
8 - The Raincoats. Ospiti al Banana Moon
12/13 - Teatro. Compagnia Alone in "Aria Compressa"

La colonna sonora del Banana Moon

TELEVISION, *Marquue moon* (1977)
ROD STEWART, *Blondes have more fun* (1978)
GANG OF FOUR, *Entertaiment* (1979)
CAROLE KING, *Tapestry* (1971)
AUDIENCE, *The House on the Hill* (1971)
SPOOKY TOOTH, *The last Puff* (1970)
PINK FLOYD, *The dark side of the moon* (1973)
PATTI SMITH, *Easter* (1978)
PATTI SMITH, *Wave* (1979)
ALICE COOPER, *School's out* (1972)
PREMIATA FORNERIA MARCONI, *Storia di un minuto* (1972)
THE YES, *Fragile* (1970)
FRANCO FALSINI, *Cold Nose-Naso freddo* (1975)
MIKE OLDFIELD, *Tubular bells* (1973)
THE JIMI HENDRIX EXPERIENCE, *Electric Ladyland* (1968)
TEN YEARS AFTER, *Ssssh* (1969)
THE ROLLING STONES, *Let it Bleed* (1969)
JOHN LENNON, *Plastic Ono Band* (1970)
JONI MITCHELL, *Hejira* (1976)
FAIRPORT CONVENTION, *Liege & lief* (1969)
JOY DIVISION, *Unknown Pleasures* (1979)
THE BEATLES, *Revolver* (1966)
THE BEATLES, *White Album* (1968)
CURVED AIR, Phantasmagoria (1972)
NEW YORK DOLLS, *New York Dolls* (1977)
IGGY POP, *The Idiot* (1977)
PATTI SMITH, *Horses* (1975)
BLACK SABBATH, *Black Sabbath* (1970)
BLACK SABBATH, *Paranoid* (1971)
BLACK WIDOW, *Sacrifice* (1971)
TRAFFIC, *The Low spark of high heeled boys* (1971)
BLIND FAITH, *Blind Faith* (1970)
RAMONES, *Ramones* (1976)
RICCARDO ZAPPA, *Celestion* (1977)
LED ZEPPELIN, *Led Zeppelin I* (1969)
LED ZEPPELIN, *Led Zeppelin II* (1969)
LED ZEPPELIN, *Led Zeppelin III* (1970)
SEX PISTOLS, *Never Mind the Bollocks* (1977)
THE VELVET UNDERGROUND & NICO, *The Velvet Underground* (1967)
LOU REED, *Transformer* (1972)
LOU REED, *Berlin* (1973)
LOU REED, *The Bells* (1979)
ELTON JOHN, *A Single man* (1978)
KRAFTWERK, *Trans Europe Express* (1978)
PUPI E FRESEDDE, *La Terra Del rimorso* (1979)

ALFREDO COHEN, *Come barchette dentro un tram* (1976)
PAOLA PITAGORA, *Sputa fuori strega* (1976)
RAVI SHANKAR, *Chappaqua* (1968)
PEPE MAINA, *Il canto dell'arpa e del flauto* (1977)
SLY AND THE FAMILY STONE, *Stand* (1969)
BOB MARLEY AND THE WAILERS, *Exodus* (1977)
SPIRIT, *The Family that plays together* (1976)
PINK FLOYD, *Atom heart mother* (1970)
IVAN CATTANEO, *Primo secondo Ivan compreso* (1977)
IVAN CATTANEO, *Superivan* (1979)
FRANK ZAPPA, *Freak out!* (1966)
FRANK ZAPPA, *Hot rats* (1969)
CABARET VOLTAIRE, *Nag Nag Nag* (1979)
URIAH HEEP, *Very 'eavy,very 'umble* (1970)
AREA, *Areazione* (1975)
AKTUALA, *Tappeto volante* (1975)
JOHN COLTRANE, *A love supreme* (1964)
THE B52'S, *The B52's* (1979)
THE WHO, *Live at Leeds* (1970)
THE WHO, *Tommy* (1969)
THE WHO, *Who's next* (1971)
(Film Soundtrack), *Saturday Night fever* (1977)
POPOL VUH, *Aguirre* (1976)
GENESIS, *A trick of the tail* (1976)
GENESIS, *Selling England by the pound* (1974)
(Film Soundtrack), *Easy Rider* (1967)
KEITH JARRETT, *The Koln concert* (1975)
GIORGIO GABER, *Anche per oggi non si vola* (1974)
PERIGEO, *La valle nei templi* (1975)
PHAROAH SANDERS, *Jewels of thought* (1972)
BETTE MIDLER, *Songs for new depression* (1975)
BARRY WHITE, *The man* (1978)
BILLIE HOLIDAY, *Body and soul* (1957)
THE DOORS, *Absolutely live* (1970)
ALEX HARVEY BAND, *Next* (1973)
DEEP PURPLE, *In rock* (1970)
STEELEY DAN, *Can't buy a thrill* (1972)
JOHN MAYALL & BLUESBREAKERS, *Bare wires* (1968)
NEIL YOUNG, *Harvest* (1972)
EDGAR FROESE, *Epsilon in malaysian people* (1979)
EDGAR FROESE, *Acqua* (1974)
TANGERINE DREAM, *Phaedra* (1974)
CAN, *Soon over Babaluma* (1975)
NUCLEUS, *Elastic Rock* (1970)
IRON BUTTERFLY, *In a Gadda Da Vida* (1971)
LUCIO BATTISTI, *Una donna per amico* (1978)
GRACE JONES, *La Vie en rose* (1978)
THE ROCKETS, *On the road again* (1978)

JETHRO TULL, *Acqualung* (1971)
THROBBING GRISTLE, *20 Jazz Funk Greats* (1980)
GARY NUMAN, *Are friends Electric* (1980)
STEVIE WONDER, *Songs in the key of life* (1976)
PARCO LAMBRO, *1976 Festa del Proletariato Giovanile* (1976)
SKIANTOS, *Mono tono* (1978)
JANIS JOPLIN, *Pearl* (1971)
BLONDIE, *Parallel Lines* (1978)
KING CRIMSON, *In the court of Crimson King* (1969)
PATTY PRAVO, *Miss Italia* (1978)
SANTANA, *Santana* (1969)
THE PRETENDERS, *The Pretenders* (1980)
AC/DC, *Highway to Hell* (1979)
ERIC CLAPTON, *Slowhand* (1977)
THE POLICE, *Regatta de Blanc* (1979)
GANG OF FOUR, *Entertainement* (1979)
AMANDA LEAR, *I am A Photograph* (1977)
SENSATION 'S FIX, *Boxes Paradise* (1977)
THE ALAN PARSONS PROJECT, *Pyramid* (1978)
MAGMA, *Magma* (1970)
PETER FRAMPTON, *Frampton Comes Alive* (1976)
STRAY, *Stray* (1970)
JAMES BROWN, *Sex Machine-Live at Augusta* (1970)
VOYAGE, *Voyage* (1978)
EARTH,WIND & FIRE, *All'n all* (1977)
THE MICHAEL ZAGER BAND, *Let's all chant* (1977)
KONGAS, *Africanism* (1977)
TUXEDOMOON, *Half - Mute* (1979)

Bibliografia consigliata

Giancarlo Riccio, *I Percorsi del Rock Italiano* Edizioni Il Formichiere
Antonio Veneziani, *La Gaia vecchiaia* Coniglio Editore
Dario Trento, *Storiella omosessuale* Squilibri Edizioni
Jean Cocteau, *I Ragazzi Terribili* Rizzoli
Edoardo Ballone, *Uguali & Diversi* Mazzotta
Rocco e Antonia, *Porci con le Ali* Savelli
Francesco Merlini, *Io, omosessuale* Le Salamandre
Mario Mieli, *Elementi di critica omosessuale* Einaudi
Autori Molti Compagni, *Bologna Marzo 1977 fatti nostri* Bertani Editore
Marco Gaido, *Radio Libere?* Arcana
Autori Vari, *Punk. I nuovi filosofi della musica pop* Arcana
Charles Bukowski, *Storie di ordinaria follia* Feltrinelli
Pier Paolo Pasolini, *Ragazzi di vita* Garzanti
William Burroghs, *La Morbida Macchina* Sugar
Umberto Saba, *Ernesto* Einaudi
Anna Abate, *Patti Smith* Savelli
Autori Vari, *La Musica in Italia* Savelli
Giorgio Gaslini, *Musica Totale* Feltrinelli
Alessandro Portelli, *La canzone popolare in America* De Donato
Meri Franco-Lao, *Musica Strega* Edizioni Delle Donne
M. Fabretti-P. Galletti, *Più colla compagni* Edizioni Memori
Domenico Coduto, *Il Libro degli Area* Auditorium Edizioni
Claudio Fusai-Franco Piri Focardi, *Tutto ebbe inizio...* Autoprodotto
Pier Vittorio Tondelli, *Altri Libertini* Feltrinelli
Pier Vittorio Tondelli, *Un weekend postmoderno* Bompiani, a cura di Fulvio Panzeri
Carlo Masi, *Love Generation. L'amore al tempo degli Hippies* Castelvecchi
Enrico Palandri, *Boccalone* Edizioni L'Erba Voglio
Collettivi Omosessuali Milanesi, *La Traviata Norma* Edizioni L'Erba Voglio
Autori Vari, *I Padroni della Musica* Stampa Alternativa
Marco Grispigni, *Il Settantasette* Il Saggiatore
Bruno Casini, *Frequenze Fiorentine* Arcanapop
Bruno Casini, *1975: viaggio in Afghanistan* Catcher Editore
Alessandro Bertante, *Re Nudo. Underground e rivoluzione nelle pagine di una rivista* NDA Press
Matteo Poggi, *Breve storia dell'Universale* Polistampa
Antonin Artaud, *Eliogabalo* Adelphi
Angelo Pezzana, *La politica del Corpo* Savelli
Jean Jenet, *Diario del ladro* Mondadori
Kenneth Anger, *Hollywood Babilonia* Adelphi
Fernanda Pivano, *Beat, Hippie, Yippie* Arcana
Massimo Teodori, *La Nuova Sinistra Americana* Feltrinelli
A. Aprà-E. Ungari, *Il Cinema di Andy Warhol* Arcana
Francesco Ciaponi, *Underground. Ascesa e declino di un'altra editoria* Costa&Nolan
Pamela Des Barres, *Sto con la band. Confessioni di una groupie* Castelvecchi

Oderso Rubini-Andrea Tinti, *1977-1982. Non disperdetevi* Arcanapop
Giordano Casiraghi, *Anni '70. Generazione Rock* Editori Riuniti
Romina Cecconi, *Io, la Romanina. Perché sono diventato donna* Vallecchi
Barbara Tomasino, *Groupie. Ragazze a perdere* L'Epos Editore
Autori Vari, *Muzak* Savelli
Paolo Rosso, *Lampioni. Dialoghi teneri e desolati nel ghetto omosessuale* Gammalibri
G. Aghina-C. Jaccarino, *Storia del Partito Radicale* Gammalibri
Sirio Luginbuhl, *Cinema Underground oggi* Mastrogiacomo
Autori Vari, *Camere con vista 7x 3=21 autori.* A cura di Stefano Loria, Festina Lente
Mario Maffi, *La cultura Underground* Laterza
Autori Vari, *Gay Gay. Storia e coscienza omosessuale* La Salamandra
Tullio Barbato, *Enciclopedia dei cantanti e delle canzoni* De Vecchi
Giulio Salierno, *Il sottoproletariato in Italia* Samonà e Savelli
Emina Cevro Vukovic, *Vivere a sinistra. Vita quotidiana e impegno politico nell'Italia degli anni '70* Arcana
Pio Baldelli, *Informazione e Controinformazione* Mazzotta
Claudia Salaris, *Il movimento del Settantasette* AAA Edizioni
Alessandro Agostinelli, *La società del giovanimento* Castelvecchi
Matteo Guarnaccia, *Amsterdam 1960-67: gli inizi della controcultura* AAA Edizioni
Piero Verni-Giorgio Cerquetti, *La valigia delle Indie* La Salamandra
Stewart Home, *Marci, sporchi e imbecilli. Attraverso la Rivolta Punk* Castelvecchi
Bruno Casini-Ernesto De Pascale, *Anni di Musica. Itinerari musicali In Toscana dal 1960* Volume 1 Materiali Sonori Ediz. Toscana Musiche
Autori Vari, *È stata pura gioia. Follonica anni '70, la musica del riscatto giovanile* Ed. Parole&Musica
Carlo Bianconi, *Jazz in piazza* Artnova Perugina
Andrea Valcarenghi, *Underground a pugno chiuso* Arcana
Carlo Coccioli, *Fabrizio Lupo* Rusconi
Images 70, *La Festa del Parco Lambro* Mastrogiacomo Editore
Collettivo A/Traverso, Alice è il diavolo L'Erba Voglio
Gomma-Bifo, *Alice è il diavolo. Storia di una radio sovversiva* Shake
Sergio Ghirardi-Dario Varini, *Internazionale situazionista (ce n'a été qu'un debut)* La Salamandra
Carlos Castaneda, *Viaggio a Ixtlan* Astrolabio
Carlos Castaneda, *Una realtà separata* Astrolabio
Dennis Altman, *Omosessuale, Oppressione e Liberazione* Arcana
Gilbert Shelton, *Le avventure alternative dei favolosi Freak Brothers* Arcana
Daniele Scalise, *Cose dell'altro mondo.Viaggio nell'Italia gay* Zelig
Marco Amato, *Una Bomba al Cantagiro* Piemme
Adriano Sack, *Mio padre amava i Beatles e i Rolling Stones* Urra Edizioni
Lewis Lapham, *I Beatles in India. Altri dieci giorni che cambiarono il mondo* E/O
Fabio Bo, *Prendere o lasciare* Edizioni del Cardo
Vladimir Luxuria, *Chi ha paura della Mucca Assassina. Il mio mondo in discoteca e viceversa* Bompiani
Derek Jarman, *Ciò che resta dell'Inghilterra* Alet

Si ringraziano:
Fiorella Caspoli, Alberto Chiti, Gennaro Piazza, Alfiero Gemmi, Giuseppe Atanasio, Fausto Zaninelli, Sandro Soldani, Pio Baldelli, Alessandro Baraldi, Sergio Biancalani, Luciano Morini, Giampiero Bigazzi, Antonio Moskonas, Lia Lapini, Paolo Scarnecchia, Roberto Polce, Gianni Cuomo, Michele Grana, Alfredo Carafa, Massimiliano Villani, Isabella Benini, Luciano Casini, Paolo Casini, Luciano Lombardi, Armando Bonechi, Giuseppe Siechi, Daniele Pugi, Enrico Palandri, Stefano Fuochi, Christos Costantinidis, Sandro Tamburi, Paolo Romeo, Serena Volpi, Sandro e Paolo Russo, Francesco Sapia, Andrea Vannini, Diego Semeria, Antonio Destefanis, Mario Cervio Gualersi, Claudio Guglielmi, Gustavo Martos, Segio Sella, Giovanni Minerba, Alfredo Cohen, Gilberto Giuntini, Bruno Cilla, Radio One Firenze, Radio Alice Bologna, Antonio Spennato, Oderso Rubini, Massimo Alessandrini, Liliana Casini, Anita Minozzi, Gustavo Leone, Danilo Ammannato, Al Aprile, Roberto Terzani, Ivan Cattaneo, Vittorio Marcello, Clara Manfredi, Elda Santi, Mario Bufano, Gianni Pini, Gianni Maroccolo, Letizia Volpi, Rosanna Eramo, Stefano Lapi, Tony Verde, Biagio Iannaccone, Giancarlo Riccio, Stefano Pistolini, Paolo Atzeni, Cosimo Cadore.

Colonna sonora usata per la stesura del libro:
Chet Baker, Miles Davis, Dustin O'Halloran, Chistophe Goze, Tuxedomoon, Vanilla Fudge, Chris Coco, Supernova, The Grizzly Bear, Club 8, Talvin Singh, Lali Puna, Pink Floyd, Velvet Underground, Nino Ferrer, Traffic, Lisa Gerrard, Gonzales, Yoko Ono, Tears For Fears, Al Green, Francoise Hardy, Hildegard Knef, Ella Fitzgerald, Eartha Kitt, Zero 7, Parov Stelar, Acqua Bassino, Boards Of Canada, Brokeback Mountain Film Soundrack, Sade, K.D.Lang, Michel Polnareff, Minox, Cowboy Junkies, Milly, Jeanne Moreau, Joni Mitchell, Bruno Martino, Lydia Lunch, Paolo Poli, The Associates, Sandie Shaw, Flesh For Lulu, La Famiglia, John Lee Hooker, Comus, Anita Baker, Julie Driscoll, Donna Summer, Art of Noise, Anne Clark, Jon Hassel, Beau Geste, The Spencer Davis Group, Paul Weller, Trilok Gurtu, Peggy Lee, Tarkan, 808 State, Sainkho, Jamiroquai, Morphine, Guo Brothers, Dissidenten, Supertramp, Joy Division, Eric Satie.

Il libro è stato scritto nel periodo fra giugno e dicembre 2007.

Sommario

www.editricezona.it
info@editricezona.it